跑步运动解剖学（第2版）

RUNNING ANATOMY

［意］乔·普莱奥（Joe Puleo）

［英］帕特里克·米尔罗伊（Patrick Milroy）　著

方旭东　译

人民邮电出版社

北京

图书在版编目（CIP）数据

跑步运动解剖学：第2版 /（意）乔·普莱奥
(Joe Puleo)，（英）帕特里克·米尔罗伊
(Patrick Milroy) 著；方旭东译. — 北京 : 人民邮电
出版社，2019.12
ISBN 978-7-115-52419-5

Ⅰ. ①跑… Ⅱ. ①乔… ②帕… ③方… Ⅲ. ①跑—健
身运动—运动解剖 Ⅳ. ①G822②G804.4

中国版本图书馆CIP数据核字(2019)第243055号

免责声明

本书内容旨在为大众提供有用的信息。所有材料（包括文本、图形和图像）仅供参考，不能替代医疗诊断、建议、治疗或来自专业人士的意见。所有读者在需要医疗或其他专业协助时，均应向专业的医疗保健机构或医生进行咨询。作者和出版商都已尽可能确保本书技术上的准确性以及合理性，并特别声明，不会承担由于使用本出版物中的材料而遭受的任何损伤所直接或间接产生的与个人或团体相关的一切责任、损失或风险。

版权声明

内 容 提 要

想知道如何将力量、速度和耐力提高到极限吗？本书告诉您如何通过强化肌肉力量，优化奔跑能力，降低受伤风险来提高运动表现。

本书为跑者介绍了 70 个最有效的力量练习，每个都配有清晰分步描述和讲解，并附有解剖彩图，突出显示了运动中牵动的肌肉。您不仅能看到这些练习，更能看到练习后的效果，而且每项训练都是提升跑步成绩的基础训练！此外，您还将了解到如何增强肌肉力量，减少损伤，提升跑步效率，使奔跑更快、更流畅。

无论您是普通的跑步爱好者，还是想要提升运动表现的资深跑者，又或者是想要提高竞赛成绩的职业选手，本书都是您发挥自身最佳实力的保证。

◆ 著　　　　 ［意］乔·普莱奥（Joe Puleo）
　　　　　　　［英］帕特里克·米尔罗伊（Patrick Milroy）
　　译　　　　 方旭东
　　责任编辑　 裴 倩
　　责任印制　 周昇亮
◆ 人民邮电出版社出版发行　　北京市丰台区成寿寺路 11 号
　　邮编　100164　 电子邮件　315@ptpress.com.cn
　　网址　http://www.ptpress.com.cn
　　固安县铭成印刷有限公司印刷
◆ 开本：700×1000　1/16
　　印张：12.5　　　　　　　　2019 年 12 月第 1 版
　　字数：243 千字　　　　　　 2025 年 11 月河北第 15 次印刷
　　　　　著作权合同登记号　图字：01-2018-3877 号

定价：68.00 元

读者服务热线：(010)81055296　印装质量热线：(010)81055316
反盗版热线：(010)81055315

献给我的儿子，加布里埃尔·普莱奥（Gabriel Puleo）。愿你长大后也能实现4分钟之内跑完1英里的目标。

谨以此书纪念卡尔·卡斯特（Karl Castor）和阿特·奥贝特（Art Aubert），感谢你们教会我如何全身心地去热爱跑步。

乔·普莱奥（Joe Puleo）

目　录

译者序　vi

前言　vii

致谢　viii

第 1 章　运动中的跑者　　　　　　　　　　　　　　1

第 2 章　训练概念　　　　　　　　　　　　　　　11

第 3 章　影响跑步表现的外部因素　　　　　　　25

第 4 章　足部与踝部　　　　　　　　　　　　　33

第 5 章　腿部　　　　　　　　　　　　　　　　51

第 6 章　核心部位　　　　　　　　　　　　　　77

第 7 章　肩部与手臂　　　　　　　　　　　　103

第 8 章　胸部与背部　　　　　　　　　　　　121

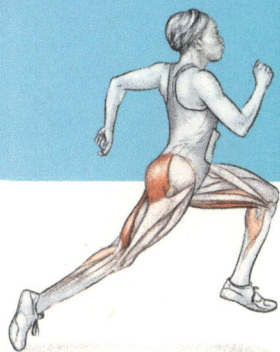

第 **9** 章　损伤预防　　　　　　　　　　141

第 **10** 章　替代性训练活动　　　　　　165

第 **11** 章　装备与进步　　　　　　　　173

练习项目索引　188

关于作者　191

关于译者　192

译者序

近年来，全民健身大潮涌起，跑步运动成为其中一道靓丽的风景线。仅从马拉松及相关运动规模赛事来看，根据中国田径协会数据，截至2018年年底，中国举办马拉松及相关运动规模赛事（800人以上的路跑赛事、300人以上的越野赛事）共计1581场，累计参赛人次583万，全国31个省区市、285个地级市举办了不同形式的马拉松比赛。托尔斯泰曾说："在每一个历史时期，在每一个人类社会，都有一种对生活意义的崇高理想。"跑步成了这个时代的理想之一，也成了人们对美好生活向往的重要内容之一。

如何跑步？跑步的原理和机制是什么？如何避免受伤？如何提升成绩？如何享受跑步？这是每一个正在跑步或准备参与跑步运动的人不可回避的话题。不少跑者在跑步过程中出现跑步伤病，影响了自己的跑步体验，甚至不得不暂时告别跑道。寻找上述问题的答案就变得尤为重要。

本书就是一个很好的答案。作者从骨骼和软组织的相互作用出发，运用大量的插图介绍跑步相关的解剖学知识，帮助我们理解运动机制以及参与跑步运动时身体的应对，并在此基础上介绍数十种专为增强跑步表现而设计的训练，最后还对如何选择跑鞋做了介绍。为了便于更广大的跑者理解和掌握书中的内容，我根据自己的跑步体验和撰写跑步专栏的经验，并在咨询了多位运动解剖学领域专家的基础上，在力求准确的前提下，对书中文字作了部分延展性解释和说明。限于能力和专业储备，翻译半年多来，虽不断修改完善，但仍然觉得存有待提高之处。期待看过本书的专家学者，特别是广大跑者不吝赐教，共同探讨。

二千多年前古希腊的山岩上就刻下了这样的字句："如果你想强壮，跑步吧！如果你想健美，跑步吧！如果你想聪明，跑步吧！"希望每一个热爱跑步的人，都能够科学起跑，享受跑步带来的健康和快乐，跑得更好。作者在前言中说，跑得更好并不总是意味着跑得更快。这本书的目的是帮助跑者以一种更轻松的方式完成跑步活动，并降低由跑步引发伤病和痛苦的概率。

如果能达到此目的，不甚欣慰。

方旭东

2019年春于北京

前 言

本书将告诉你在跑步过程中，人体运动的来龙去脉。本书以图文并茂、简单明了的方式，解释了人体的运动机制以及参与跑步运动时，人体会产生何种变化。具体来说，本书通过骨骼和软组织（包括肌肉、肌腱、韧带、筋膜、血管和神经）的相互作用，解释了人体如何进行运动，为何如此运动，以及如何做才有助于实现个人的跑步目标。在此次的新版图书中，还新增了大脑如何作用于跑步表现的内容。

书中的插图将帮助你了解与跑步相关的解剖学知识——特别是骨骼、器官、肌肉、韧带以及肌腱如何使身体运动。每一章的正文部分对插图中所展示的身体部分的功能都做出了解释。训练项目后附带的彩色解剖插图则展示了每次练习或与跑步相关的运动所涉及的主要肌群、次要肌群和结缔组织。

　　■ 主要肌群　　　■ 次要肌群　　　□ 结缔组织

在仔细分析了跑步时身体的运动方式之后，我们将介绍几种专为增强跑步表现而设计的体能训练。相关章节的训练有助于提高你的跑步表现，同时也会避免因身体的不平衡（这种不平衡通常是自然发生的，但会由于跑步时肌肉和骨骼的运动量增加而加剧）而受伤。本书的最后几部分将探讨当下与跑步相关的热门话题，帮助你在运动、培训和装备上做出明智的选择。

伤病是日积月累形成的，了解人体运动的方式及原理，可以让你在改善跑步表现的同时避免受伤。本书的宗旨是帮助你建立一个合理、方便并能有效提高跑步表现和整体跑步体验的力量训练计划。

跑得更好并不总是意味着跑得更快。本书将帮助你以一种更轻松的方式完成跑步活动，并降低由跑步引发伤病和痛苦的概率。这样，每当在回顾完成的跑步里程时，你会变得更加欣喜，并积极地期待下一次跑步！

致　谢

《跑步运动解剖学（第2版）》的编写在人体运动出版社（Human Kinetics）编辑团队的努力下得以完成，其成员包括汤姆·海涅（Tom Heine）、米歇尔·马洛尼（Michelle Maloney）（参与了第2轮的审定）、辛西娅·麦肯泰尔（Cynthia McEntire）和安·金德斯（Ann Gindes）。感谢试读的读者，感谢美国海军陆战队（United States Marine Corps，USMC）的克里斯汀·塔兰托少校（Major Christine Taranto）和杰森·福利德曼博士（Dr. Jason Friedman）帮助我组织并理清写作内容，特别是第2章。

30年来，我一直试图掌握跑步教学的精髓。非常感谢我的所有教练同事、训练伙伴、竞争对手和我指导过的运动员。谢谢你们！

感谢我的合著者帕特里克·米尔罗伊博士（Dr. Patrick Milroy），谢谢他的专业洞察力，一流的写作技巧，以及愿意与我合作的信心。最后，诚挚地感谢我的所有家人：珍（Jen）、加布（Gabe）、迪伦（Dylan）、安娜（Anna）、西尼（Sydnee）、索菲亚（Sophie）和维多利亚（Victoria）。感谢你们和我分享这个项目。

乔·普莱奥（Joe Puleo）

我的写作技能在《跑者世界》（Runner's World）诸位编辑的建议中得到了提高，我为他们做了25年的医疗顾问。没有人体运动出版社工作人员的帮助和鼓励，这项工作便不会取得如此瞩目的进展。我的解剖学知识是在曼彻斯特大学（Manchester University）习得的，我对运动和跑步的热爱给了我完成这本书的动力。

没有妻子克莱尔（Clare）的爱与理解，没有家人以及跑步领域朋友的支持，我根本无法完成这项工作。

帕特里克·米尔罗伊博士（Dr. Patrick Milroy）

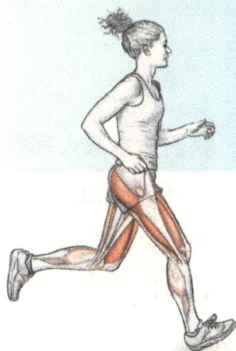

第1章

运动中的跑者

海尔·盖博塞拉西（Haile Gebrselassie）（译者注：海尔·盖博塞拉西出生于1973年4月18日，曾获得1996年亚特兰大奥运会和2000年悉尼奥运会的男子万米冠军，1993年~1999年，连续4届获得世锦赛男子万米冠军，是世界著名男子长跑运动员）曾说过："没有跑步，就没有生活。"跑步跨越了语言和文化的隔阂，全世界数百万人分享着通过跑步获得的乐趣。因此，一个只身在外的陌生人只需要换上运动服和跑鞋，挑选一条小径，就能遇到志趣相投的跑者以同样的热情享受生活。

在众多结合娱乐与健身特质的运动中，跑步属于非常受欢迎的项目之一。随着人类文明的进步，人们为了生存而奔跑的需求（无论是狩猎还是躲避掠食者）都被新技能的发展所调和。现在，普通人可以以一种大多数祖先都认为不切实际，甚至相当致命的方式享受闲暇时光。因此，虽然跑步曾经关乎生死，但人类社会的发展使它成为人类竞争、社会化和发展科学实验的一种新的表现形式。此外，跑步也许是最自然的运动形式。它既不涉及攻击性行为，也不涉及反社会行为，而且不需要昂贵的设备。因此，任何一个体格健全的人都能够轻易地享受跑步所带来的乐趣。

尽管跑步的起源可以追溯到几千年前，但直到20世纪70年代末，跑步才作为一项运动，成为一个完整的产业。在短时间内，与跑步相关的各种因素——比如衣服和鞋子、饮食对生理机能的影响、环境和路面的影响——都经过了研究、实验、评价与发展。因此，正如200年前铁路给我们先辈带来的改变一样，跑步现在已经融入了数百万人的日常生活，几乎无一例外地给我们带来了很多好处。

影响跑者表现的因素复杂且不可计数。本章重点从解剖学和生理学层面上讲解各种因素对跑者产生的影响。更准确地说，本章关注的是完美跑者（如果这样的人存在的话）需要具备的特征和体形。

解剖学

从广义上来说，解剖学这个词语可以用来描述身体结构。当然，我们大多数人都希望以自己的身体为傲，而且对身体更有型的追求让健身成为一个价值10亿美元的产业。如果我们在身体能够运动时却选择不锻炼，那就错过了提升身体素质的机会。然而，身体健康与否不应该以我们的体形是否接近完美来定义。在很大程度上，我们对体形的控制有限。例如，我们的身高很大程度上是由基因决定的；除了补充营养，其他任何事情都收效甚微。但与此同时，无论一个人的起点如何，通过训练都可以改变人体的外观和身体成分。如果想要肌肉和皮肤保持良好状态，运动表现得到改善，那么这些目标都可以成为可实现的训练目标。

如果你的目标是像许多人一样通过跑步来改善体形，那么是否能达到目标则取决于你的跑量和跑步方式。如果你的目标是减肥，则可能需要耗时几个月，每周需要跑步4~5次，才会看到外形和体重有比较明显的、自己满意的变化。

跑步也会影响你的感觉。事实上，许多科学证据表明，跑步会释放改善情绪和让人自信的化学物质。当然，这种影响不会在一夜之间发生；如果你养成了经常跑步的习惯，可能会在发现身体变得更苗条之前，更早地体验到精神上的愉悦。如同生命中所有物有所值的提升，如果没有努力、困难和偶尔的挫折，你不可能获得进步。正如西奥多·罗斯福（Theodore Roosevelt）所说："世界上所有值得拥有或值得做的事情，都需要经历努力、痛苦和困难。"

特定比赛类型选手的体形特征

如果你参加田径运动会，你可能只需要看运动员的体形就能猜出他们会参加哪些比赛。举例来说，短跑运动员通常身体健硕、肌肉发达。相比之下，随着比赛距离的增加，例如跑400~1 500米的运动员的身体就不如短跑运动员健硕。到了长跑运动员，可能会看起来异常消瘦，甚至似乎营养不良，但这类运动员的跑步表现却很好。

体形与训练项目是对应的，这就说明针对不同赛事的训练，会对身体产生不同的结构反应。所有的赛跑运动员都为比赛而训练，但他们的训练方式有所不同。长跑运动员跑步里程长，跑步期间会出现快跑、慢跑或坡度跑——如山路或公路，因此长跑运动员在一定程度上还会进行跑道跑步和抗阻训练。短跑运动员和中等距离跑步运动员则强调跑道跑步结合举重、体操训练，以及其他他们喜欢的运动来使身体状态达到巅峰。一些中等距离跑步运动员（800~1 500米）也结合了有氧跑步，每周跑80~100千米。当然，如果你是为了自己的乐趣而不是为了比赛而跑步，那么这种专业训练可能是不必要的，甚至是不可取的。

从广义上来说，你的身体构造受进化规则的影响。如果你经常使用肌肉，那么肌肉就会越来越灵活；反之，如果不锻炼肌肉，那么它就会萎缩。当然，体形不仅是由肌肉塑造的，还受脂肪厚度的影响。在训练时，脂肪是能量来源，脂肪厚度开始变薄，尽管不像那些试图精确减少脂肪的人所发现的那样均匀或对称。脂肪似乎永远不会首先从你最想要减少的部位消失！

跑步的步态周期

人类如何跑步？跑步只是一种更快的步行方式吗？有正确的跑步姿势吗？我能改进我的跑步姿势吗？如果可以，应该怎么做？跑者经常向跑步专家提出这些问题，例如医生、研究人员、教练和有经验的跑者。其中的答案比较复杂，但这些问题可以运用运动科学的一些知识来回答。

在本章中我们会简要介绍跑步时相关的身体部位、与解剖学关键部分有关或无关的生物力学，以及跑步时的运动知觉结果。因此，本章所包含的训练通过微调步态周期来帮助跑者完善他们的跑步姿势。

跑者可以通过分析跑步中的步态周期，来进一步了解跑步（图 1.1）。跑步与步行不同：步行需要在一个周期中，双脚同时与地面接触；而跑步的特点则是在一个周期中，双脚同时离开地面（双脚腾空）。这里所谓的"周期"，是指从一只脚开始接触地面时开始，到同一只脚再次接触地面时结束的一段时间。

步态周期包含两个阶段：站立或支撑阶段，以及摆动阶段。当一条腿处于站立阶段时，另一条腿则处于摆动阶段。站立阶段的标志是脚与地面的初始接触（足部触地），中立姿势和推进力。摆动阶段从离地开始，演变为向前摆动，或反向摆动，结束于着地，从而开始下一个姿态周期。在图 1.1 中，右腿处于站立阶段（与地面接触），并与胫骨后肌和蹞长屈肌接合。左腿处于摆动阶段，准备与地面接触。

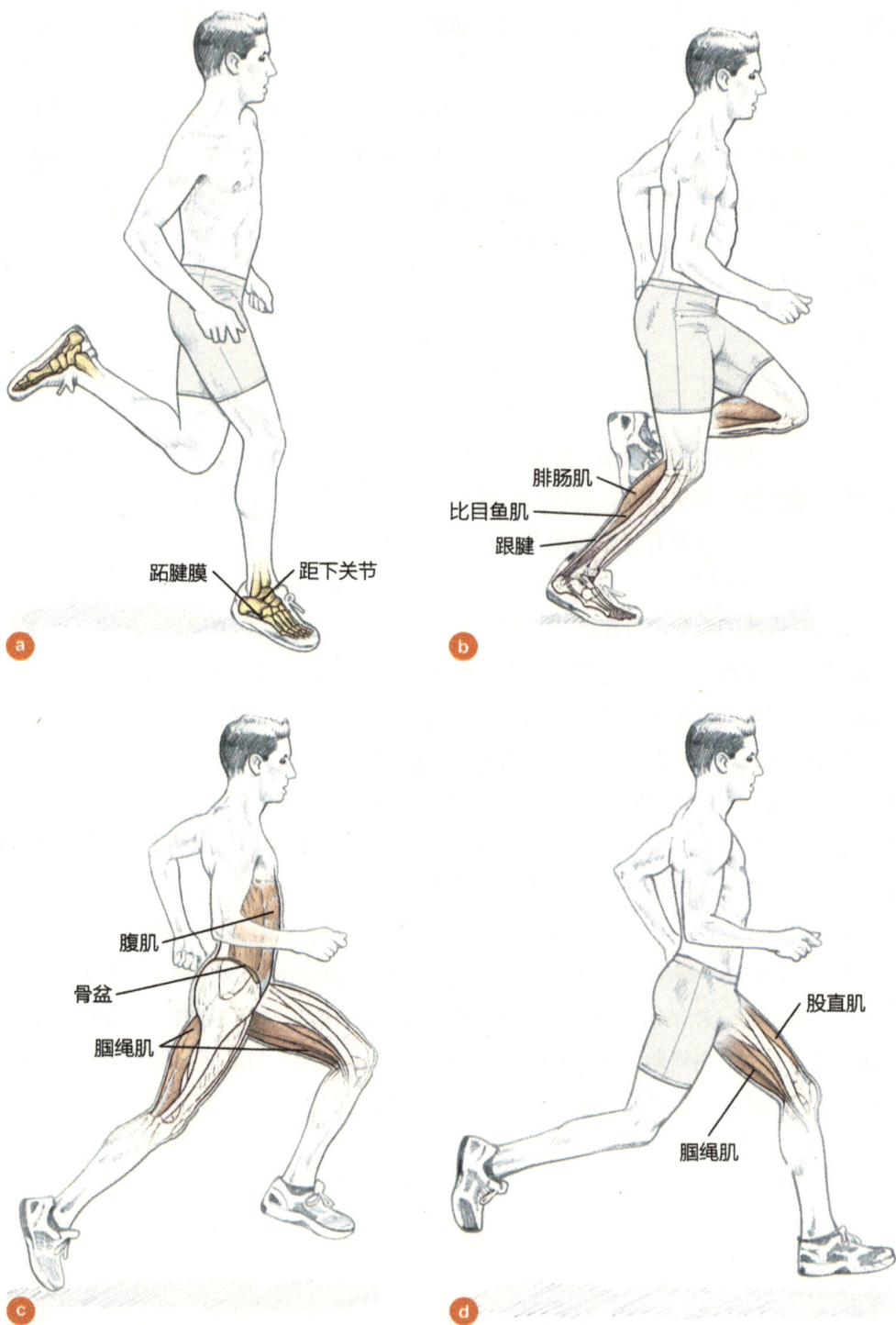

跖腱膜   距下关节

a

腓肠肌
比目鱼肌
跟腱

b

腹肌
骨盆
腘绳肌

c

股直肌
腘绳肌

d

图1.1 步态周期：a.接触地面；b.站立阶段；c.迈步；d.摆动阶段

站立阶段

脚部接触地面前（即摆动阶段的最后20%），股四头肌群（主要是股直肌）非常活跃。一旦脚部接触地面，触地时产生的冲击力就会被肌肉（胫骨前肌和腓肠肌）、肌腱、骨骼、脚和小腿的关节分散。详细来说（见第4章），这种分散是由3个相关但独立的脚部运动引起的：距下关节倒置和外翻，足中部外展或内收，以及足前部背屈和跖屈。

在理想状况下，小腿结构中所产生的作用会让脚进行轻微的旋前运动，也就是后脚向内翻的动作。旋前运动会将脚落地时产生的冲击力分散到足弓表面，以缓冲对双脚造成的影响。当处于中立姿势而脚部没有进行旋前运动时，会造成脚的侧边单独接触地面，而无法缓冲落地时的冲击力。这种脚部动作所产生的生物力学会逐渐造成跟腱紧绷、小腿后部的腓肠肌拉伤、膝盖侧面疼痛及髂胫束的不适（完整的说明请参考第9章）。另外，如果在中立姿势频繁地进行旋前运动脚过度旋前，胫骨内旋会引起胫骨疼痛，并导致小腿前部肌肉拉伤和膝盖内侧疼痛。忽略旋前或旋后运动、异常僵硬的足弓及过度运动的足弓都不是理想的脚部动作；而轻度至中度的脚部旋前运动才能有效地缓冲脚触地时所产生的冲击力。

站立阶段的最后一部分被称为推进或推动，或者说就是脚趾离地。运动员越擅长通过臀大肌和核心肌群将脚推离地面，并有意识地使用胫骨后肌，脚与地面接触的时间就越少。一般而言，与地面接触时间越少，则周期循环越快。并且在相同的步幅下，运动表现越佳。

摆动阶段

在刚开始接触地面和中立姿势定位之后，各种肌肉会通过协同工作的原理来实现推动的动作。这些肌肉包括腘绳肌、髋屈肌、股四头肌和小腿肌肉（腓肠肌和比目鱼肌）。当一条腿正在完成站立阶段并进入摆动阶段时，另一条腿正在完成摆动阶段，并且正在准备开始下一个站立阶段，从而完成一个步态周期。在结束了与地面的接触后，第二条腿开始向前运动，这是由于骨盆的向前旋转和腰大肌引起髋关节同时屈曲的结果。当这条腿通过前摆阶段时，腘绳肌会拉长，从而限制了小腿的前伸，而小腿由股四头肌拉伸。当身体加速时，小腿和脚开始下降到跑步面，这样就形成了从头部到脚趾的垂直直线。

请注意，两个周期分别由两条腿各自完成，同时发生。当一只脚离开地面开始摆动阶段时，另一条腿准备开始站立阶段。跑步运动的这种动态特性，使得很难将所涉及的解剖部分分离出来。因为跑步与步行不同的是，势能（储存在物理系统中的能量）和动能（运动产生的身体能量）同时发挥作用。从本质上来说，跑步过程中所涉及的肌肉会不断地以兴奋剂（原动力）和拮抗剂（对抗或稳定运动）的形式出现，从而产生偏离心和向心收缩。

跑步时站立阶段和摆动阶段身体核心的作用其实完全相同，也就是维持人体上半身的稳定性，这让骨盆会在正常的范围内进行扭曲和旋转。由于跑步的步态周期是由双腿分别在站立阶段或摆动阶段运动，因此在这个阶段中让骨盆稳定运动相当重要。关于人体的核心部分，在第6章会有更深入的介绍。在这里必须说明的是，不良的步态周期将导致人体的核心部分变得不稳定，从而造成运动损伤。

手臂为稳定和平衡提供了相应的辅助作用，但方式却略有不同。具体说，每只手臂负责平衡与其相对的一条腿，所以当右腿向前摆动时，左臂也随之向前摆动，反之亦然。此外，手臂会相互平衡，从而帮助躯干保持稳定和良好的姿势；还需确保手臂摆动的方向为由前至后，而不是左右摆动。相比之下，错误的摆臂方式不仅会妨碍跑者的跑步效率（当腿随摆动的手臂而摆动时，会缩短步幅），还会影响跑步的表现（因为糟糕的身体形态会显著增加能量消耗）。

考虑到步态周期涉及双腿同时进行循环——并且是身体的相同部分（即肌肉、肌腱和关节）同时执行多种功能——很可能会造成动力链发生故障或失效。这种故障通常是由于固有的生物力学不平衡而导致的，这种不平衡由于跑步动作的动态重复而加剧。例如，股四头肌群和腘绳肌群都参与了步态周期的着陆阶段。股四头肌群拉伸腿部，腘绳肌群限制了膝关节的屈曲。由于股四头肌群非常强壮，腘绳肌群必须在最佳状态下运动，才能使动作流畅。如果腘绳肌群变弱或不灵活，则由此造成的失衡将导致损伤。

这个例子很明显地说明了解剖失衡的潜在伤害。为了防止发生这种情况及其他不良情况，本书提供了一个全面的力量训练方案。通过开发主动肌与拮抗肌，以及强化关节功能，这些练习会达到相辅相成的效果。

ABC跑步练习

除了进行力量训练之外，我们怎样才能改善跑步姿态和跑步表现？由于跑步涉及神经肌肉，跑步姿态可以通过特定的练习来加以改善，相关练习将使解剖学部分所描述的运动变得更加协调。教练杰拉德·马赫（Gerard Mach）在20世纪50年代开发的这种练习操作简单，几乎不会造成冲击压力。从本质上说，这些练习通常被称为跑步的基本动作ABC，它们将步态周期的各个阶段分离出来：提膝、大腿运动和蹬地。通过单独训练每个阶段并减慢动作，正确地完成这些动作能够提升跑者的运动知觉，促进神经肌肉反应，并有助于增强力量。正确练习有助于运动员形成正确的跑步姿势，跑步运动员的跑步表现由此得到改善。最初，这些训练是为短跑运动员设计的，但它们可以被所有的跑者所采用。每周应该进行一到两次这种练习，并在15分钟内完成。注意姿势要正确。

动作A

　　髋屈肌和股四头肌负责实施动作A（图1.2a, b, c）。这个动作既可以在走路的时候进行，也可以在跳跃或者跑步的时候进行。该动作包括了膝关节弯曲和骨盆向前旋转（图1.2c）两个部分。同时，手臂的简单摆动，平衡了下身的动作。抬起腿部相对的手臂，其肘部需要屈曲成90度；像钟摆一样前后摆动，肩关节起着支点的作用。另一只手臂同时向相反的方向移动。双手腕关节应保持放松，不要举过肩膀。在向下摆腿的时候，另一条腿的膝盖便随之抬起。

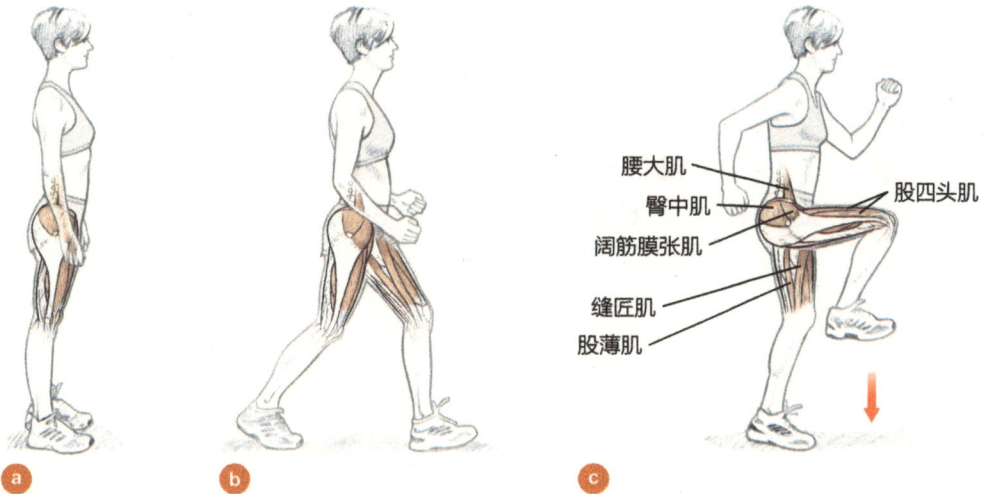

腰大肌
臀中肌
阔筋膜张肌
缝匠肌
股薄肌
股四头肌

图1.2　a.动作A第1步；b.动作A第2步；c.动作A第3步

动作B

动作B（图1.3a, b, c）依靠股四头肌伸腿和腘绳肌驱动腿部向下，为冲击阶段做准备（图1.3c）。接着，股四头肌将腿从动作A的位置拉伸到完全伸展的状态，然后腘绳肌群用力将小腿和脚拉到地面。在跑步过程中，胫骨前肌让脚踝背屈，使脚处于合适的脚跟着地的位置；然而，在动作B的时候应该尽量减少背屈，以使脚着地时更接近中立姿势。这种精确的调整降低了脚跟承受的冲击力；此外，由于与跑步相比，涉及的脚部生物力学较少，这种运动不会造成前脚损伤。

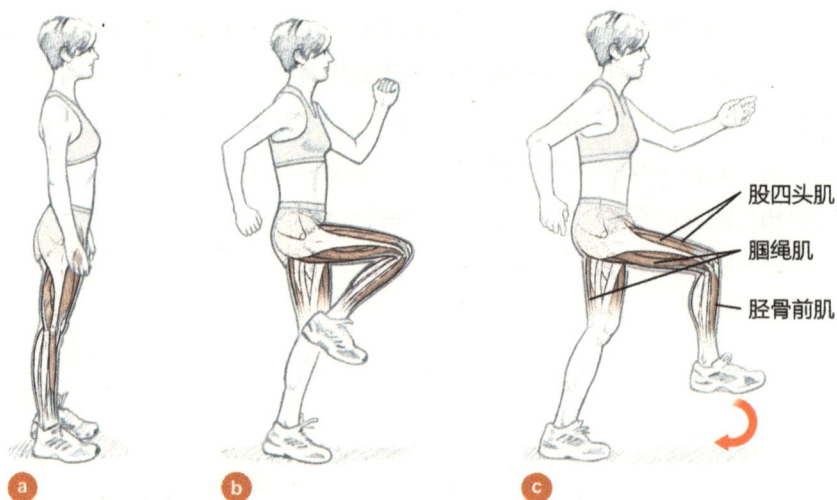

股四头肌

腘绳肌

胫骨前肌

图1.3　a.动作B第1步；b.动作B第2步；c.动作B第3步

动作C

跑步步态周期的最后阶段由腘绳肌来支配（图1.4a和b）。脚与地面接触时，腘绳肌会继续收缩，不是限制腿部的拉伸，而是将脚向上拉，臀大肌向下，从而开始另一个周期。因此，这个练习的重点（图1.4b）在于把脚直接拉到臀部下方，从而缩短弧线和此阶段时长，这样就可以开始另一个步态周期。这种练习应快速进行，突出爆发力。手臂快速摆动，模仿腿部的快速运动，手要比进行动作A和动作B时高一点，离身体更近一点。这种运动还可以通过将躯干前倾，以达到更好的效果，这是一种类似于短跑时的身体姿势。

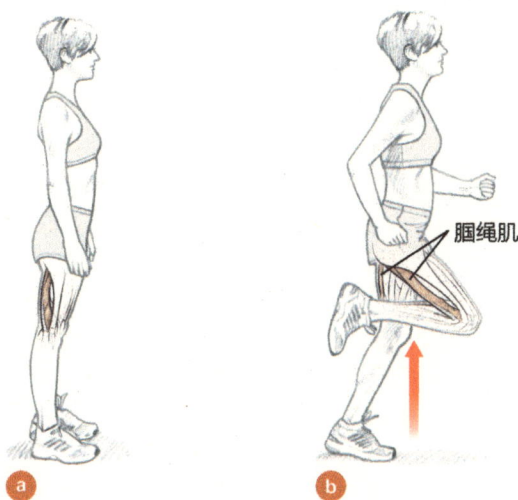

图1.4 a.动作C第1步；b.动作C第2步

结 论

虽然跑者可以在教练的指导下接近某一特定的运动姿势，但由于在运动过程中疲劳加剧，这种姿势很难继续保持。在这样的情况下，跑者很容易恢复到适合自己体形的自然状态。这种跑步姿势看起来可能并不好看，甚至不是最有效的跑步姿势，但随着疲劳的出现，这种跑步姿势往往是不可避免的。下一章，我们将讨论在改善跑者体形的方式时，力量训练对限制出现这种偏差产生的作用。

第2章

训练概念

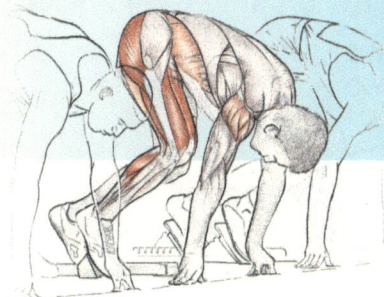

跑步表现的改善取决于很多因素。本章我们将研究训练的生理效应（乳酸产物）和中央调控模型（central governor model，CGM）所描述的无意识神经效应对改善跑步表现的影响。在本章中，我们还将解释不同类型的训练概念，并重点阐述每种方法如何有益于心血管及心肺系统，从而使跑步表现得到改善。但是，不当的速成训练（比如以过快的速度完成长距离的跑程）会对骨骼肌系统疏于照顾或过度滥用，这都将阻碍跑步表现的改善，因此即使培训计划本身非常好，也有可能因为某些原因而导致人体结构的缺陷更加严重，以及肌肉失调的状态持续恶化。无论从训练的哪一个层面来看，都应将力量训练纳入整体的训练计划，因为跑者必须有完善的力量训练才能维持正确而且良好的步态，进而提升跑步的效率。

心血管及心肺系统

心血管系统是一个血液循环输送系统，其涉及心脏、血液和血管（静脉和动脉）。简而言之，心脏负责泵血。血液通过动脉从心脏输送到肌肉、组织和器官，然后通过静脉回流到心脏（图2.1）。

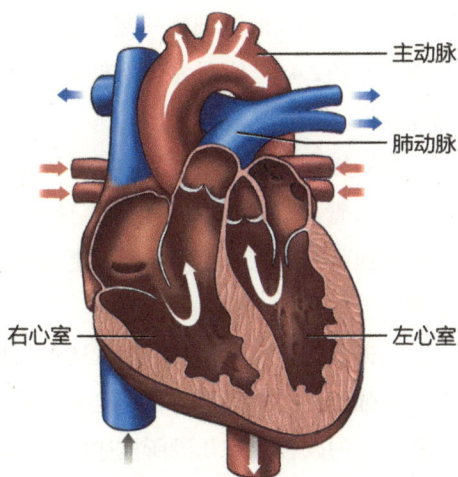

主动脉

肺动脉

右心室

左心室

图2.1 血液流往心脏内室

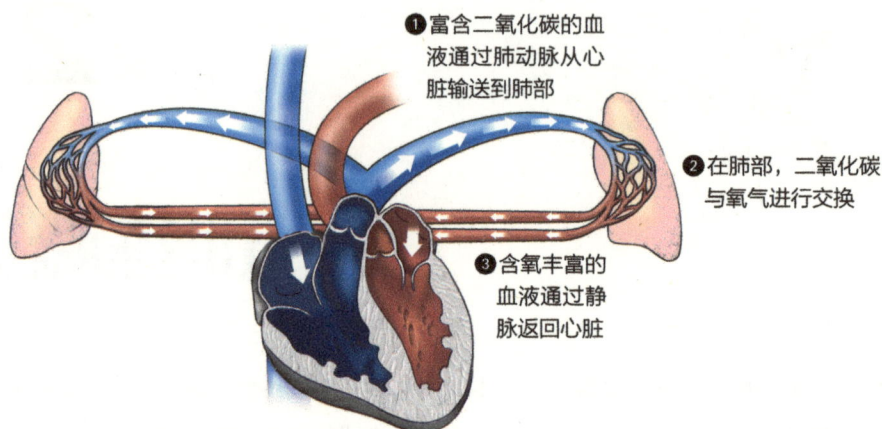

❶ 富含二氧化碳的血液通过肺动脉从心脏输送到肺部

❷ 在肺部，二氧化碳与氧气进行交换

❸ 含氧丰富的血液通过静脉返回心脏

图2.2 肺部氧气交换

心肺系统包括心脏和肺。通过口鼻呼吸来吸入空气。横膈膜和其他部位的肌肉将空气推入肺部，空气中所含的氧气与血液混合（图2.2），然后将血液泵入身体。图2.3显示了在呼吸过程中协同工作的肌肉。

当心脏通过肺动脉将血液泵入肺部时，这两个系统之间的相互作用就会生效。血液与吸入的空气（氧气）混合，含氧血液经肺静脉回流至心脏。然后，心脏的主动脉将血液连同富含氧气的红细胞一起运送到身体的肌肉中（图2.4），从而为运动提供支持——例如跑步。

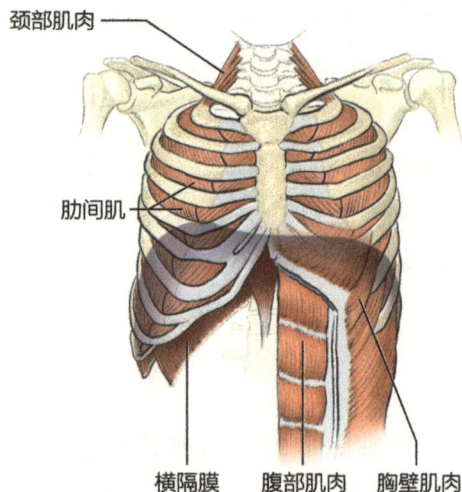

颈部肌肉

肋间肌

横隔膜 腹部肌肉 胸壁肌肉

图2.3 辅助呼吸的肌肉

我们如何利用心血管及心肺系统相互作用的结果来提升跑步表现呢？简而言之，跑者的心血管及心肺系统越发达，身体的血容量就越大。更大的血容量意味着更多的富氧红细胞可以为肌肉提供能量，更多的血浆可以通过一种叫作糖酵解的过程来帮助创造能量。

与提升跑步表现相关的因素还包括神经肌肉适应性、肌耐力、强度及灵活度。再加上完善强健的心胸系统（由于心脏与肺脏位于胸腔，因此称为心胸），跑步表现将会得到持续性的改善。前几段所描述的科学知识称为运动科学，并且在应用于具体的训练模型时是有效提升跑步表现的入门方法。以下关于训练的探讨是基于心血管及心肺系统的解剖学和生理学常识。

传统的训练进展模型

传统的训练进展模型往往由丰富的基础训练和入门阶段构成，相关训练会逐渐增加持续跑步的时间（随着体能的增强），再加上以减重和增加训练次数为目的的力量训练。一般还会有一个训练周期较短，跑步时间较长的力量（爆发力）训练（阈值训练与坡度训练），以及阻抗渐增的力量训练。最后阶段是短时间高强度（最大摄氧量，VO_2max）跑步训练，以及长时间的抗阻训练与休息计划（渐少）。通常，训练末期会安排一场比赛，根据跑者的表现来考量其对训练进展的适应情况。由于跑者的体力必须在短时间内恢复至比赛水平，因此比赛的距离都非常短。为了提升跑者的跑步能力并延长跑者的跑步生涯，通常会根据训练的成效、跑程长短再加上每段训练周期后的休息期来决定训练周期的长短。

本节将解释不同的训练理念及其应用。通常，训练理念中显而易见的差异都可以归结为语义上的差异，因为训练语言没有标准文法，教练们也未必以相同的方式理解及运用术语。我们的目的就是在不同训练策略和不同的训练术语语义分歧上提出总结，避免因教练不尽相同的理解而产生偏差。

最终，跑步训练和阻抗训练的目的只有一个：提高跑步表现。根据传统模型，跑者需要增加乳酸阈值（lactate threshold，LT）速度，通常定义为非专业跑者在8~10千米之间能达到的最佳速度。这个速度表示为一个范围（例如，每1.6千米8分~8分10秒），而不是某个特定的数值，因为其可能会由于课程难度、地形和天气条件的变化而不同。

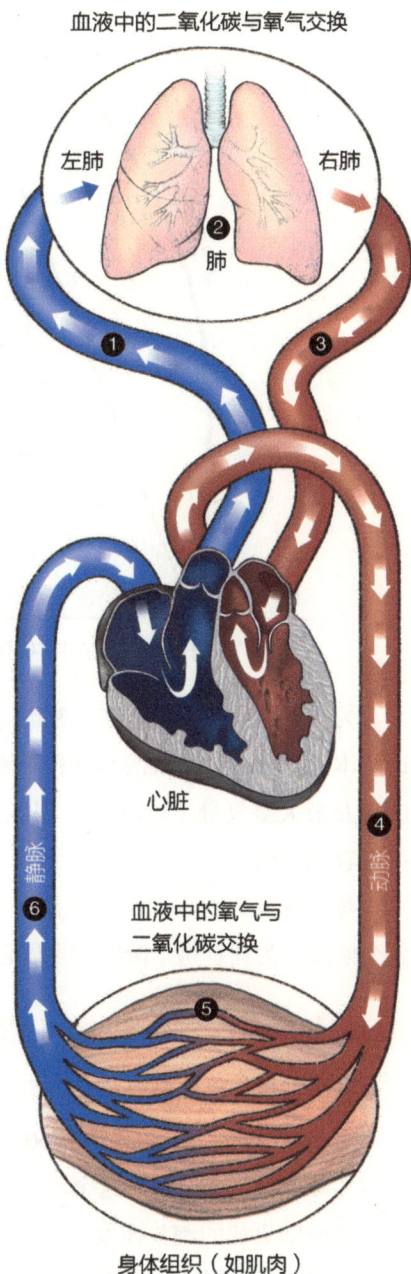

血液中的二氧化碳与氧气交换

左肺 右肺

肺

心脏

血液中的氧气与二氧化碳交换

静脉

动脉

身体组织（如肌肉）

图2.4 流经心、肺、肌肉的血液循环

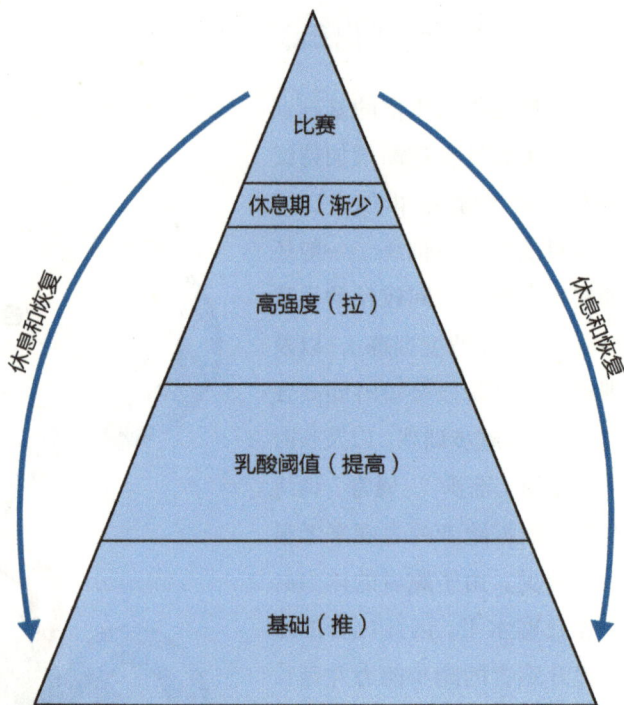

图2.5 训练进展模型的各个阶段

为了提高乳酸阈值速度，教练与科学家们提出了关于如何训练的多种理论。各种理论从本质上讲，都是试图通过有氧阈值训练来提高乳酸阈值，或者通过乳酸阈值目标速度以及最大摄氧量（VO$_2$max）训练来提升乳酸阈值速度，并使当前的乳酸阈值速度变得更容易达成。

每个阶段的跑步训练主要是为了培养耐力或使跑步变得相对轻松。图2.5中标记的各个阶段，为理解每个阶段的发展目标提供了一个视觉线索。

基础（或入门级）训练（推）

基础训练的概念相对简单，但是如何将其恰当地应用则有些微妙。注重于基础训练的概念，是20世纪50年代末和60年代流行的利迪亚德式（Lydiard–style）训练的基础。相信大部分教练都认同，这个阶段的跑步速度利用现有的氧气总是很容易达到（尽管利迪亚德鼓励更快的跑步速度以提高有氧阈值），并且可以逐渐增加训练量。经过前面逐渐增加训练量数周后，再用数周的时间降低或减少训练量，则可以缓冲前面逐渐增加的训练量，从而帮助恢复并促进个人适应新的训练负荷。

一个系统化的训练方法是将3周作为一个训练周期，第一、第二周包含4~6天的跑步训练，而且训练量应以每周10%的速度增加；第三周重复第一周的训练量。尽管曾有教练成功地在每周训练总量中安排占比33%的长跑，而且皮特·普非慈阁（Pete Pfitzinger）和斯科特·道格拉斯（Scott Douglas）曾在《高级马拉松（第2版）》（*Advanced Marathoning, Second Edition, Champaign, IL: Human Kinetics, 2009*）中建议，每逢单周进行两次长跑，但是为了预防运动损伤，每周的长跑量不应超过本周训练总量的25%（参考杰克·丹尼尔斯（Jack Daniels）的《丹尼尔斯的跑步公式（第3版）》）（*Daniels' Running Formula, Third Edition, Champaign, IL: Human Kinetics, 2014*）。此外，可安排2~3次力量训练作为跑步训练的补充，但应注重姿势和动作的正确性，而非追求训练的重量。

当训练距离超过10千米时，训练周期将达到最长，因为相对于速度和肌肉的发展，心胸系统对训练的适应较慢。因为慢节奏的跑步会花费更长的时间，需要反复吸入氧气，心脏反复泵血，血液会从肺到心脏、从心脏到肌肉不间断地流动，所有这些作用都有助于毛细血管发育和改善血流。增强毛细血管发育有助于向肌肉输送更多血液，也有助于清理肌肉和其他可能阻碍肌肉正常运作的废物组织。无论如何，这些改变需要日积月累。事实上，长跑运动员的心血管全面发展可能需要10年甚至更长时间，相比之下，专注于快速跑步的运动员可能只需花费一半的时间。这段较长的发展时期解释了为什么短跑运动员在20岁出头到25岁，就能达到最佳竞技水平，而很少有长跑运动员在25岁之前能达到最佳状态。

假如一项训练计划忽略或轻视了基础训练的重要性，那么该计划就违背了运动科学的原则。任何以提升跑步表现为目标的训练计划，若没有大量采用轻松的有氧跑步训练，最后都将宣告失败。普遍值得商榷的地方在于基础训练期应该持续多久，这个问题看似简单，但却无法轻易找到答案。最恰当的答案，应该是根据运动员的实际需求来决定的。基础训练期的长短主要取决于运动员需要多长时间才能够培养出适合跑步的体能与骨骼肌力量，以及日常跑步是否感到轻松，并且该时间不会长到让运动员觉得无聊或没有动力。对于一个正在接受训练、准备参加10千米以上跑程的经验丰富的跑者来说，基础训练期以6~8周为宜。如果参加10千米或更短距离跑程，经验丰富的跑者需要4~6周的基础训练期。而新手则需要接受时间较长的基础训练，可能需要在赛前4~6个月几乎大半时间都用于基础训练。

在"轻松"的跑步中，运动员应该跑多快。如果不使用乳酸阈值或压力测试来确定具体数值，保守的建议是最高心率的70%~75%。另外，菲利普·马菲特博士（Dr. Philip Maffetone）提供了一个公式，可以用来计算理想的最高有氧训练心率。这个公式以180为基数，减去你的年龄，然后根据你最近训练量和健康状况的具体问答来增加或减去额外的百分点。若想了解更多信息，请参阅马菲特（Maffetone）的文章《180公式：真实有氧训练的心率监测》(*The 180 Formula: Heart-Rate Monitoring for Real Aerobic Training*, 2005年5月6日）。你还可以基于跑者在比赛和现场测试中的表现，使用速度图表来帮助确定有氧训练的速度；参见杰克•丹尼尔斯（Jack Daniels）编写的《丹尼尔斯的跑步公式（第3版）》。这些图表非常准确地解释了如何有效地使用数据。

在基础训练期中，为了强化身体的整体力量，力量训练的最佳方法是重复进行10~12次多组力量训练。具体来说，在这一阶段的训练中，虽然提升功能性力量总是非常重要，但它的重要性却不及提升整个身体的肌肉耐力和力量。如果这是运动员首次进行力量训练，正确地进行训练至关重要；如果运动员是在休整期后重新接受力量训练，则必须重新评估运动员的身体对综合跑步训练与力量训练计划的承受程度。每周应该进行2~3次力量训练，而且每周必须有一天不进行任何训练，所以需要将力量训练放在跑步训练日（跑步后），或是每周跑步训练前的空档。

利迪亚德模型（Lydiard Model）

已故的阿瑟•利迪亚德（Arthur Lydiard, 1917~2004）是有氧跑步训练的先驱。他的理念已得到了广泛的认可，这为在实践中有效实施他的指导方法奠定了基础。并有一个基金会专门为了延续和应用他的训练方法而生。虽然利迪亚德训练一直与术语LSD（长距离慢跑，long, slow distance）联系在一起，但是利迪亚德先生的训练重点不是长而慢，将其描述为有规律的努力更为恰当。此外，它还驳斥了20世纪50年代流行的间歇训练法，其开发者为捷克斯洛伐克的埃米尔•扎托佩克（Emil Zatopek of Czechoslovakia）。

利迪亚德式训练要求练习者在达到有氧阈值前以他们所能达到的最快速度进行有规律的跑步，然后他们的努力才能打破有氧阈值。通常保持血乳酸积累的测量值会达到血液中含量在2毫摩尔/升左右。利迪亚德式训练的最终目标是在乳酸积累含量接近3.6~4毫摩尔/升的乳酸阈值水平之前，将有氧运动阈值推到尽可能高的水平。借助跑步界语义学的术语来说，具体目标是提高有氧阈值，从而推高乳酸阈值，乳酸阈值是通过减慢速度后身体对过量乳酸反应的关键，也就是身体会因为乳酸过度堆积而慢下来的那个临界值数值点。虽然整个乳酸模型，特别是3.6~4毫摩尔/升的上限，似乎有点随意（见本章后面关于中央调控模型的讨论），但这种观点却被运动生理学家所提倡，因为它可以通过运动期间的血液分析来加以测量。

乳酸阈值训练（提高）

乳酸阈值（lactate threshold，LT）是许多运动生理学家、跑步教练和跑者的主要话题。我们不会试图在此对乳酸阈值理论作任何定论。相反，我们使用术语"乳酸阀值"来描述跑步方式（由于快节奏训练中固有的肌肉收缩）会使血乳酸浓度增加，从而阻碍跑者跑得更快或在同一速度下跑得更长。或者通俗地说，这是在筋疲力尽之前，一个人可以舒适地通过艰苦努力持续跑8~11千米，其配速接近10千米的比赛速度。

乳酸盐（不是乳酸）是肌肉在长时间运动中使用的一种燃料。从肌肉中释放出来的乳酸盐在肝脏中转化为葡萄糖，作为能量来源。多年来，人们在讨论限制运动表现而且由剧烈运动产生的化学副产品时，一直认为乳酸（化学成分上与乳酸盐不同，但通常作为同义词使用）是罪魁祸首。不过，乳酸盐非但不会引起疲劳，反而会延缓血糖浓度的降低，从而最终提高跑步表现。

阈值训练也有助于提高跑步表现，因为相比基础有氧训练或恢复性跑步而言，这种训练会对心胸系统提供更大的刺激。此外，由于乳酸阈值训练的持续时间较短，它能提供更强的刺激，而不会对肌肉骨骼系统产生相应的高冲击。作为结果，就是通过舒适而费力的15~35分钟跑步（取决于跑者的目标比赛日期）和努力的时机（如何在接近比赛日期时完成训练计划），可以加速心胸系统开发的效率。节奏跑经常与乳酸阈值跑、巡航间隔跑、重复跑以及稳定状态跑（慢于节奏跑）这些阈值训练类型互换，只是速度和持续时间略有不同。最终，这些训练都能达到乳酸盐跑步（跑步过程中采集血液乳酸盐的测量值是4毫摩尔/升）的目标，而一次轻松的有氧跑步几乎不会产生乳酸盐。

《丹尼尔斯的跑步公式》是节奏型训练的一个很好的参考。在该书的第3版中，杰克·丹尼尔斯（Jack Daniels）提出建议，在步调和持续时间上的努力程度应基于跑者体能水平和跑步距离来进行尝试。尽管阈值训练给跑者身体的压力低于最大摄氧量，但任何形式的阈值跑（节奏跑、巡航间隔跑、重复跑）相较常规有氧跑或恢复跑都需要更长的恢复期。在乳酸阈值训练阶段，大多数非精英跑者每隔一周要进行不超过一次的阈值跑，而且这些跑步的强度应该是较重的。因此，他们会在这之前进行一次轻松跑和一套步幅跑，第一天快跑40~60米，第二天进行轻松跑或休息。

请注意，轻松跑仍然是这一阶段训练的主要内容。在训练进展中引入阈值训练（和特定的爬坡训练），通常是与入门阶段的唯一区别。

在这个训练阶段的力量训练是高度个性化的。训练重点应该放在功能性训练上，以应对运动员自身的弱点，并与提升跑步速度直接相关。例如，如果一个跑者手臂力量不足，那么重点应该放在手臂训练上，重复次数相对较少（4~6次），重量相对较大（达到耗尽力气的程度）。如果跑者正在进行5千米训练，那么训练腘绳肌的功能性力量也很重要。为了达到这个目的，罗马尼亚哑铃硬拉和躬身动作是两种强有力的训练，这两种训练都涉及腘绳肌和臀大肌复合体，所以会解决一大部分步态中涉及的解剖学问题。由于训练强度较高，肌肉纤维必须有一段休息时间才能自我修复，以适应不断增大的运动量。因此，每周两次力量训练就足够了。

间歇及最大摄氧量训练（拉）

间歇训练是一个通用术语，指在固定的休息间隔后进行相对短距离的快速跑，而且需要多次重复（有时是重复几组）。捷克长跑运动员埃米尔·扎托贝克（Emil Zatopek）在20世纪40年代末和50年代推广了这种训练方法。当时他穿着军靴，在森林里完成了80次长达400米的训练，打破了历史纪录，并在1952年赫尔辛基（Helsinki）奥运会上获得3枚金牌。扎托贝克系统的不足之处在于它完全依赖于训练量，并不能以周为单位进行定期训练。这个系统包括很少的轻松跑，不利于适当的恢复或进一步拓展有氧能力。

将间歇训练演变为最大摄氧量特别训练，则能形成一个改善跑步表现的强大训练工具。这类训练的目标是通过加快跑步速度至高于乳酸阈速度，将乳酸阈值拉高到更高的水平。

最大摄氧量是指最大或力竭运动时耗氧量的峰值速率（图2.6）。我们可以通过各种测试，包括力竭运动来确定最大摄氧量值（包括原始值和调整后的值）。一旦测得最大摄氧量的数值，跑者便可以开展特定训练计划，以让心率水平与最大摄氧量水平持平。训练的强度或重复次数并非一定要达到筋疲力尽为止，但确实可以在短期（3~5分钟）达到与最大摄氧量水平相对应的心率。

这种训练的目标是多方面的。最大摄氧量训练要求所涉及的肌肉以快节奏充分地参与收缩，从而通过激发神经系统的协调性来增强神经肌肉成分。更重要的是，它要求心血管和心肺系统以最高效率工作，以便向肌肉输送富氧血液，并清除糖酵解（产生能量）过程中的废物。

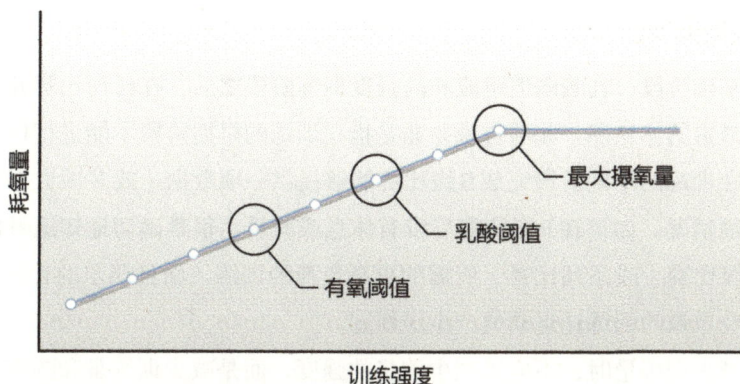

图2.6　与训练强度相对应的摄氧量

　　最大摄氧量水平训练显然是一个强大的训练工具，因为其能够大量调动身体的各个系统。为了使跑者充分受益于最大摄氧量训练阶段，很有必要在适当的时间将其纳入训练周期。虽然有报道称某些运动员逆转训练周期，在训练周期一开始便进行最大摄氧量训练并取得了成功，但是如果在一个以提高成绩为目标的训练计划中加入此类训练，最佳时机是在较长的轻松型有氧训练、恢复训练以及针对特定事件的短时阈值训练之后。除此之外，休息是这一阶段的重要组成部分，因为休息有助于适应最大摄氧量训练的强烈刺激。不要傻傻地以为，进行高强度训练和多个比赛而不进行休息就能构成明智的训练计划。这种计划可以带来短期的成功，但最终将导致受伤或者过度疲劳。

　　在这个阶段进行的力量训练应该包括一套高度功能化、与赛事相关并能提升跑者身体力量的训练。例如，一个拥有强大核心的马拉松运动员，理应针对核心部位进行多组重复12次的训练。为了确保平衡发展，训练将均分为腹部训练和下腰背训练，以及整个躯干的训练。训练重点是肌肉耐力。而一个5千米的跑者的训练重点在于速度，他会在阈值训练阶段用较少重复次数、大负重来进行训练，同时强调大腿、核心部位和上半身的训练。

　　许多运动生理学家认为最大摄氧量和最大摄氧量专门训练（通常称为间歇训练）是一个全面的跑步计划中最重要的部分。这种观点受到了一些因强调乳酸阈训练而成功的教练们的质疑。抛开立场不同而论，最大摄氧量专门训练确实为改善跑步表现提供了一个强大的训练工具。

减量及比赛阶段

在完成基础阶段、乳酸阈值阶段和高强度训练阶段之后，在任何比赛开始前都需要有一段逐渐减量的休息期。此项告诫并非是指在训练的早期阶段不能进行任何比赛。事实上，通常在训练的早期阶段完成B级比赛能够提供一项数据（或多项数据）来帮助评估训练的进展情况。如果在B级比赛后没有休息或减量，很难确切地知道身体将如何应对接下来A级比赛（或系列比赛）所需的更高负荷的训练。而且偶尔的B级比赛可以代替锻炼，避免单调的训练让运动员产生厌烦感。

当跑者减少训练量时，不应该减少跑步的强度，而是减少训练量和频率。例如，一周训练5 000米可以减少到3 000米；同样地，原本每周一次乳酸阈值跑和一次间隔跑，转为重点进行比赛相关的训练。这种方法有助于在准备大型比赛前减少刺激，并且有更多的恢复时间。在马拉松比赛中，减量恢复期通常是2~3周，相应地，距离越短则需要的恢复时间就越少。

训练进展模型的结果

每个训练阶段都以前一个阶段完成的训练为基础，它们并不是孤立的模块，而是一套完整的系统。例如，一个完整的基础或入门阶段会强化毛细血管的发育，这将带来更大的血容量，增强肌肉骨骼，理论上能形成一种更有效的步态；阈值训练通过促进心肺系统的发展，利用更快的肌肉收缩来增强肌肉骨骼系统的适应能力，以及提高身体对刺激产生的神经反应（通过快速跑），从而提升跑者的表现；然后，最大摄氧量训练有助于提高乳酸阈值，从而使先前LT（乳酸阈值训练）每千米的速度成为有氧速度。无氧训练（使用已有氧气）几乎不适用于长跑，也不适用于大多数非精英跑者的训练进展。

在许多训练手册中都可以找到具体的配速、持续时间和休息时间，每种训练的具体应用因人而异。跑者通过遵循跑步训练中每个阶段的力量训练建议，可以根据实际情况为激烈的比赛目标调整自身的身体状况。

一个基于发展心胸系统的训练的结果就是通过增强心肺系统的训练改进"引擎"（心脏和肺）和通过力量训练增强"底盘"来提高运动成绩。是否达到最大摄氧量是由心脏或肌肉的最先疲劳来决定的，心胸系统的发展可以让跑者在达到筋疲力尽（以心率来衡量）时的配速提高，并让跑者完成更长距离的跑步。这是一种可以通过测量，直观地看到表现提升的方法。尽管如此，就像我们前面拿车来做比喻一样，最近我们发现汽车的"大脑"同样会作用于跑步表现——尤其是身体开始失灵的时候。

中央调控模型

"你只是在胡思乱想。"作为一名严肃认真的跑者，当你无法完成（甚至无法开始）一场快速、长距离的训练或比赛时，曾多少次从教练或训练伙伴那里听到过这句话？当你出现这种感觉的时候，就想放慢速度甚至停止跑步，这种欲望并不是一种生理上的感觉，而是一种心理上的（实际上是神经上的）感觉。这种感觉往往产生于焦虑或者缺乏好胜心。

20世纪90年代末，南非的蒂莫西·诺克斯博士（Dr. Timothy Noakes）假设，跑步时大脑确实会疲劳，但不是刚才描述的那种方式。与此相反，他认为就神经系统而言，一个特定的生理状况会导致大脑与肌肉间存在无意识的神经信息传递［A. St. Clair Gibson and T.D. Noakes, "Evidence for Complex System Integration and Dynamic Neural Regulation of Skeletal Muscle Recruitment During Exercise in Humans," *British Journal of Sports Medicine*, 38(6): (2004) 797–806］。在这个理论中，你的大脑控制着你的身体运动——具体来说就是你的运动强度——从而保护你的身体不受损害。换言之，你的潜意识会保持体内平衡，通过控制你能够完成多少工作或训练量，以防止你的身体受伤。因此，从这个角度来看，跑者的终极限制因素不是乳酸，而是大脑，它是运动的"中央调控器"。这就是中央调控模型（central governor model，CGM）。

运动引起的疲劳通常有两种：人们认为大脑和脊髓活动最终反映了大脑中的中枢疲劳。然而，全力动员肌肉被认为是影响身体周边疲劳的主要原因。

似乎不可能完全把身体和思想分开，但被广泛接受的乳酸范式却声称要这样做。它假设高强度跑步所产生的生理反应会减慢跑步速度。在中央调控理论中，思想和身体也是分离的，但程度较轻。此外，中央调控理论假设跑者承受疲劳的能力受限于预先的运动观念，以保持体内平衡。因此，如果潜意识可以被重新编程，那么之前对努力的限制——从而对跑步表现的限制——就可以被打破，让跑者跑得更快更久。

影响跑步表现的真正因素可能会在传统乳酸积累模型与中央调控模型之间找到。中央调控模型的出现在一定程度上解释了为什么许多局外人持有在一个特定的发力水平下血乳酸浓度会对跑步表现产生不利影响的立场。同时，中央调控理论的一个缺陷是它的决定因素是单一的，一个运动员能跑多远多快，除了跑者的思想外，没有任何其他因素可以对身体产生限制。但一些生理决定因素（如乳酸阈值）必然会起一定的作用，这是显而易见的。若想对中央调控模型和理论及大脑在跑步表现中的作用进行更全面的讨论，请参阅亚历克斯·哈钦森（Alex Hutchinson）的《耐力：思想、身体和人类表现的奇特弹性极限》（New York: William Morrow, 2018）。

最后，最重要的问题可能是：我们能否建立一个有效的概率范围来综合这两种理论？如果可以，我们如何将它应用到不同肌肉纤维募集和其他生理和心理上呈现不同优势和弱点的跑者身上？这些问题的答案错综复杂。我们确实可以建立一个有效的概率，但却会因人而异；换言之，完美的概率是不存在的。例如，每个跑者的肌肉纤维比例不同，他们的心理状态也不同。因此，建立综合两种理论的概率范围的关键在于理解运动员个人的生理和心理状态。

力量训练的指导方针

跑步时遵循力量训练计划并不能保证运动员跑得更快，但它确实能保证肌肉得到更好的锻炼，以使跑者的身体在训练时达到并保持适当的状态。保持合适的姿势可以消除或至少减少受伤的风险，这样运动员就可以进行持续训练，从而改善其运动成绩。这种改进可能会让跑步速度加快，并一定会在主观上提升跑步表现。

第4章~第8章详细介绍了跑步对身体各个解剖部位产生的影响。我们从足部与踝部（第4章）开始，然后是腿部（第5章）、核心部位（第6章）、肩部与手臂（第7章）以及胸部与背部（第8章）。在每一章的开端都解释了相关的身体解剖部位如何参与跑步活动，然后提出具体的练习方法，并介绍了它们的目的和正确的锻炼方法。

第9章介绍了常见的跑步损伤，以及一些可以预防受伤和有利于恢复或康复的练习。力量训练方法有很多种，例如徒手物理治疗练习，借助器械的负重抗阻训练，以及可调式器械训练。我们尝试平衡这些练习的功能性和轻松程度。当然，针对每个肌肉群都有大量经典的练习方法，本书并没有完全涵盖。为了实现多样化，让力量训练计划良性循环，我们可以自由添加各种合适的练习。

抗阻

开始时，要注意为每项练习选择合适的负重，以提供适度的阻力，同时允许使用合适的技术来完成整个重复动作。应随着运动员力量的增强及对该项运动的适应来增加负重。要避免负重过大影响动作完成的规范性，即使是在一组练习中最后的几次重复练习。

至于应该负重多少则应根据所强化的解剖部位来决定。例如，胸肌很大，因此可以完成大量的运动。相比之下，肱三头肌，由3块较小的肌肉组成，当作为主要发力器官时，会很快疲劳。此外，由于肱三头肌在很多上肢练习中都是次要肌肉，在进行任何肱三头肌专项练习前，它就已经有点疲劳了。因此，在训练手臂力量时进行一个肱三头肌专项练习就可以充分强化它。相反，多次进行胸肌练习，或多次重复相同的练习，才会使胸大肌感到充分疲劳。

重复次数

重复次数应根据当天练习的力量训练目标和整个力量训练计划的目标而有所不同。例如，可以将两组20个哑铃卧推和1组30个俯卧撑作为周一的胸部训练计划，而周五则可以先用较重负重完成两组10次上斜杠铃卧推及3组15个俯卧撑，然后再重复12次。一般来说，负重较重时，可以减少重复次数，而负重较轻时，则可以增加重复次数。

呼吸

用力移动重物时，呼气；当完成被动动作或抵抗重量时，吸气。简而言之，产生运动时呼气，抗阻运动时吸气。每个练习都应该以一种可控的方式尽可能流畅地进行，并且应该与呼吸模式同步。一个公认的呼吸模式是4秒的抗阻（吸入阶段）和2秒的主动动作（呼气阶段）。

计划

进行各种各样的抗阻训练是最有效的，但是有一个关于"运动加休息等于适应"的警告。为了确保力量的持续增长，训练必须随着时间的推移而改变，无论是在数量上（阻力大小）还是质量上（练习种类）。

对于本书中提及的身体部位，我们提供了多种练习，可以用来创建大量的力量训练课程。所有的练习都是为了增强与跑步最为相关的身体解剖部位。通过选择不同的运动项目、组数和重复次数，以及顺序，跑者可以根据自己的需求和日程来调整力量训练课程。每次锻炼都不宜超过30分钟，在跑步训练和比赛期间，每周2~3次练习便足以增强特定的身体部位以显著提高跑者的表现。

并不是说单单举举重就能提升跑步表现。从适当的力量训练中获得的力量将有助于跑步表现的提高。具体来说，它将有助于改善呼吸和消除可能会阻碍步态周期并导致运动损伤的肌肉不平衡。

总　结

　　本章我们解释了跑步训练进程的概念及其限制因素。我们也讨论了跑者力量训练的相关话题，对此我们将继续在第4章~第8章中将身体各个部位分开讨论，并提供各种功能训练来强化它们。但在此之前，我们将先在第3章中讨论一些影响跑步表现的外部因素。

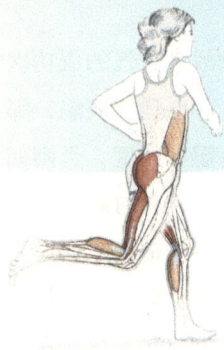

影响跑步表现的外部因素

第 **3** 章

每位跑者都有一个关于跑步的完美愿景——美丽的风景，凉爽的微风，一个平坦或有点下坡的路面，以及一位支持你的伙伴。遗憾的是，现实中很少会有这样的情况，我们只能在不如意的情况下凑合着跑。天气可能潮湿、多风、寒冷，地面凹凸不平，映入眼帘的不是美景，而是工业区平淡无奇的景象，而同行的可能是竞争对手。在这种情况下，跑者的身心都必须适应这种普遍的状况——要么接受，要么放弃！本章说明了如何适应并应对糟糕的运动环境抛给我们的难题。虽然本章所提到的重点是由优秀运动员来论证的，但大多数跑者会在所探讨的各种限制条件之间找到一个折衷点。

温度与湿度

对于马拉松运动员来说，没有什么比在已经为之准备了三四个月的重大赛事比赛当日早晨醒来发现天气不佳更糟糕的了。例如，如果温度和露点（空气中水分饱和度）总和超过100，就需要调整跑步速度——减慢速度！因此，即使某天的温度是华氏56度（13摄氏度），露点为46度（8摄氏度），似乎非常适合跑马拉松，但为了让速度"正常化"，也需要稍微减速。温度影响跑步表现的一种方式是由排汗所导致的电解质流失。出汗也会吸收肌肉和心脏中的血液，从而导致心跳加速。因为心跳加速会使身体认为发了更多力，以致身体无法保持当前需求的速度，就会表现出减速。

　　如果你认为你能战胜天气，那你就错了！你可能在锻炼或比赛中战胜天气的成功次数比较多，但最终会为此付出代价。但如果你长年在高温场地训练，你已适应高温，那就影响不大了。因此，除非你的训练是高度专业化的，能让你适应高温和湿度，否则如果不调整训练节奏，在高温潮湿的天气训练会让你的准备工作大打折扣。长时间的热适应——历经一代或两代人——从理论上讲，会产生进化适应，但短时间的适应只会产生更好的耐受性。一种关于耐受性的假说认为，中枢神经系统作为"中央调控器"（见第2章），只是对炎热潮湿的环境感觉更舒服，并相应地调整其体内平衡。换言之，在如此短的时间内，跑者可能体验不到切实的适应。

　　因此，在高温潮湿的环境下准备比赛似乎是徒劳的。以下是一些奇闻轶事。

　　在1984年奥运会的马拉松比赛中，阿尔贝托·萨拉查（Alberto Salazar）在赛前接受了热适应训练。他在下午晚些时候，在世界著名运动生理学家创建的"高潮室"中跑步，模仿洛杉矶在下午晚些时候的预期环境条件。尽管他已经适应了环境，但仍需要解决因过度出汗而造成的脱水。虽然他在最近的一次马拉松比赛中只比世界纪录慢了35秒，但在奥运会中最终只获得了第14名。相反，来自缅因州的女子马拉松冠军琼·贝罗蒂（Joan Benoit）没有借助"科学"来适应洛杉矶的高温和潮湿天气。尽管她确实倾向于在高温天进行训练，但她的训练并没有萨拉查（Salazar）那么有针对性。

　　还有一个与萨拉查（Salazar）相反的案例。1960年，奥运会英国竞走运动员唐·汤普森（Don Thompson）要在7月份在罗马参加50千米的竞走比赛。比赛前，他在自己家中的浴室里用烧开的水壶挥发的水蒸气蒸自己，并将自己裹在厚重的运动服中，为罗马高温和潮湿的天气做准备。在奥运会上，他获得了意想不到的金牌。这是一个极端的例子，我们强烈地反对你去效仿他的做法！虽然在与比赛环境类似的条件下练习不太可能造成严重的伤害，但仍有一些研究者对此争论不休，尤其是如果准备时间充足，或已经在之前的训练得到教训时。跑者不可能完全模拟比赛条件，21世纪的长跑比赛由非洲人主导，这一结果一部分归因于人类进化，另一部分则是受他们的海拔高度和生活方式的影响。在非洲，有的孩子们需要从家里跑8千米或16千米去上学。如果西方的孩子也像他们一样，会不会在跑步方面也获得类似的成功？

　　虽然这些例子不能证明或反驳一个假设，但它们确实引出了一个事实：目前大多数解决高温潮湿问题的方法都只看重眼前，而非长远。例如，耐克设计了冷却背心，供其赞助的运动员为参加2008年北京奥运会做准备。此外，在2008年北京奥运会上，一些澳大利亚代表队喝冰沙，以帮助他们在高温下活动时降低核心体温。同样在北京举行的2015年世锦赛上，耐克为十项全能世界纪录保持者、运动员阿什顿·伊顿（Ashton Eaton）赞助设计了一款散热帽。

　　无论是比赛还是训练，高温和露点都会影响跑步表现，这是毋庸置疑的。承认这一事实并调整速度，可能并不能减轻在这种情况下跑步的不适感，但速度的改变确实能让你的努力得到正常发挥，并从比赛中得到最大的收获。保证在有高温或露点的比赛中正常发挥的最好办法就是将比赛的整体完成速度与往年的速度相比较，特别是如果该项比赛建立了过去10年在同一时间进行比赛的数据。例如，一项马拉松比赛的完成时间是4时40分（每1.6千米用时10分41秒），若当时的温度为华氏65度（18摄氏度），露点为65度（摄氏18度），高温指数大于130，则应将跑步速度调整2%。经过调整，可以得出比赛的完成时间为4时45分42秒（每1.6千米用时10分54秒）。这一结果虽然比计划慢5分钟，但却可以与之前在正常条件下4时40分的历史成绩相提并论。这一数据也可应用到训练中，但无论是锻炼或是简单的跑步，速度都会减慢。

　　计算速度调整的一个很好的工具是一款叫作高温天气跑者配速计算器（Hot Weather pace Calculator for Runners）的软件。这款应用程序能提供当前的温度和露点，通过输入目标速度和计划距离，能为你提供一个适当的调整速度——对于那些寻求数据导向优势的跑者来说，这是一个相当不错的工具！接下来的困难就是以这种既定的配速跑步。

寒冷的环境

　　世界上跑得最快的短跑运动员几乎都是在夏季跑出了他们的最好成绩，这并非巧合。一旦温度降至华氏60度（摄氏十几度）以下，下肢的韧带和关节就失去了灵活性，通过肌肉的血液流动也减少了。这些影响是造成损伤的关键因素，冬天运动员可能需要穿厚厚的保暖衣物进行大量室内训练时尤为如此。

　　短跑运动员的肌肉发达，能提供所需的爆发力。只有在适当的环境温度下进行反复训练，逐渐增加重量和练习强度，才能锻炼出这种肌肉，这最终会练就在比赛中令人羡慕，且能发挥实效的肌肉。观看短跑运动员的慢镜头动作，可以看到他们如何利用每一块可用的肌肉跑步。不仅要观察运动员的腿，还要观察他们的肩膀、双臂、颈部，甚至嘴唇。成功者是那些单独集中地训练了关键要素的人。尤塞恩•博尔特（Usain Bolt）的成功不是偶然！

　　在寒冷的月份，进行长跑训练的人可以选择在跑步机上完成室内训练。当你在跑步机上完成室内训练时，可以将移动风扇放在你的前面（或者稍微放在旁边），这样有利于通过蒸发汗液来降温。但由于出汗，相比在凉爽天气下跑步，你也需要补充更多水分。

　　在室外训练时，有的跑者会抱怨空气太凉，"烧"了他们的喉咙和肺；这种感觉通常是由嘴巴呼吸所致。当运动员通过鼻子呼吸时，空气在鼻腔和鼻窦中被加热和加湿，而鼻腔和鼻窦在空气到达肺部之前就起到了呼吸温度交换器的作用。哮喘患者比其他人更容易对冷空气产生不良反应，但似乎没有特定的低温或湿度水平会引发不良反应。

　　在冬季训练时，多穿衣服很重要。压缩衣物比宽松的衣服更受欢迎，因为它有助于提高皮肤温度。虽然压缩衣物并不能提高核心温度，但确实能提高皮肤温度，使肌肉更彻底、更迅速地热身，从而有助于防止损伤。

地　形

　　短跑运动员不用担心脚下的状况。在过去的40年里，大部分跑道都是用橡胶建造的，在着陆后提供反弹力。刚开始接触这种跑道时会促成运动损伤，因为弹回的冲击力和多普勒效应（Doppler effect）会影响未训练的肌肉和跟腱。然而，随着这样的跑道越来越多，在上面训练则有助于减少伤痛的发生。

　　长跑运动员一旦离开跑道，情况就大不相同了。在各种各样的道路上跑步，从坚硬的混凝土路到柔软的柏油路，甚至路面积水都会改变脚触地时产生的冲击力。所有这些因素都会改变冲击波和身体的反应，尤其是下肢的反应。

　　越野跑者面临着更为艰难的适应，他们不仅需要直线上升和下降（图3.1），有时还需要沿斜线跑。这些类型的跑步不仅对下肢施加了过大的力（图3.2）——因为踝关节需要不断地伸屈，而且对膝关节、髋部和骨盆也是如此。这就可能导致下背部扭曲或侧弯，除非这种跑步采取了适当的准备措施，否则很快就会产生疼痛。

　　坡度可以对一个人在跑步时保持直立能力做极限的测试。如果跑者稳定性差，会很快摔倒。当然，那些重心较低的人在这方面有优势，尽管他们腿部较短，可能步幅不会太大。在这种情况下，另一个可能的优势是一个跑者可控的纤细的躯干可能会降低重心；此外，降低体重会使人更容易提起身体。另一个关键因素是脊柱的灵活性，尤其是腰椎区域，因为上坡跑的跑者需要向前倾斜，而下坡跑的跑者需要向后倾斜，以防止重心受到跑步动作的影响而水平前移。由于倾斜的需要减少了脊柱的可移动范围，髋部也需要变得灵活以对这一方面做出弥补。

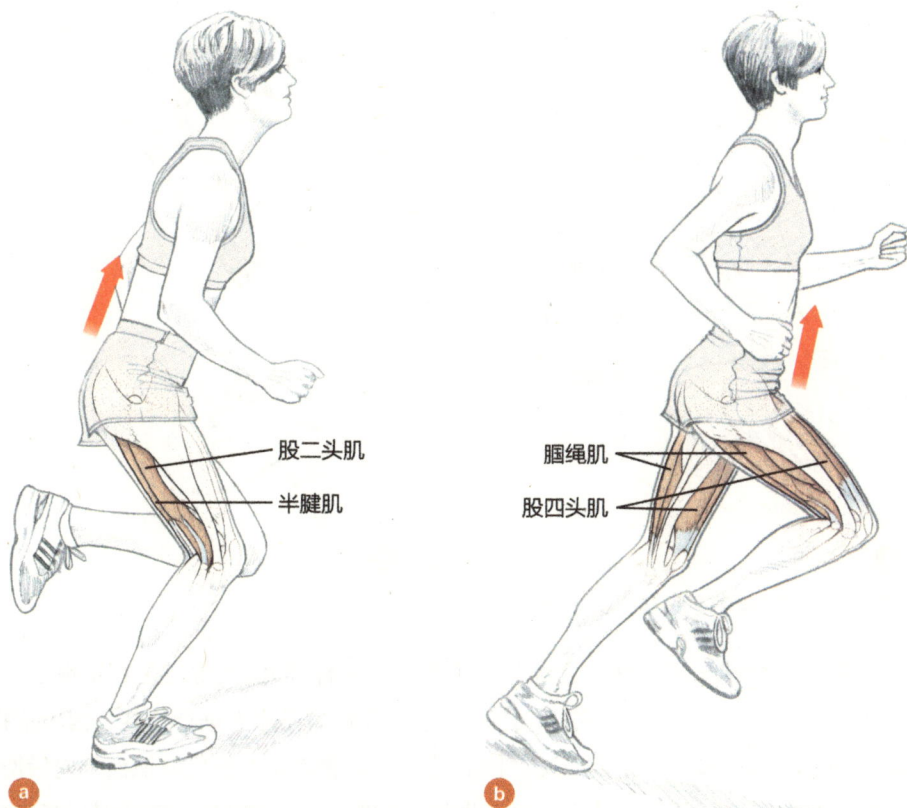

图3.1　跑步时：a.上坡；b.下坡需要身体适应

　　虽然坡度跑和平地跑时使用的肌肉相同，但重点有所不同。具体来说，在上坡过程中，竖脊肌和髂腰肌必须更加努力地工作，因为倾斜的脊柱比垂直的脊柱需要更多的努力才能保持稳定。此外，下坡跑会给小腿和大腿前方的肌肉带来更多的压力，这些肌肉必须吸收着陆时的冲击力和重力效应。

　　由于在平坦的地面上跑步并不能为坡度跑者提供充分的准备，一些训练应该包含攀登运动，即使只使用楼梯。对于生活在平地上的跑者来说，下坡训练更加困难。作为最后的手段，上下台阶运动可以提供一些相关的训练和一些坡度跑时遇到问题的经验，特别是如果动作持续了几分钟。坡度训练可以作为基础阶段、乳酸阈值阶段或高强度训练阶段（第2章）的一部分，这取决于训练的结构。至于涉及的具体肌肉，小腿上用于攀登的肌肉（第4章）、臀大肌和大腿前部的肌肉（第5章）可以通过相关章节列出的练习来加强。住在海拔几乎没有变化的平坦地区的跑者，核心部位的前部肌肉会因长期过度使用而损伤（第6章），而后部肌肉则因缺乏使用而萎缩。

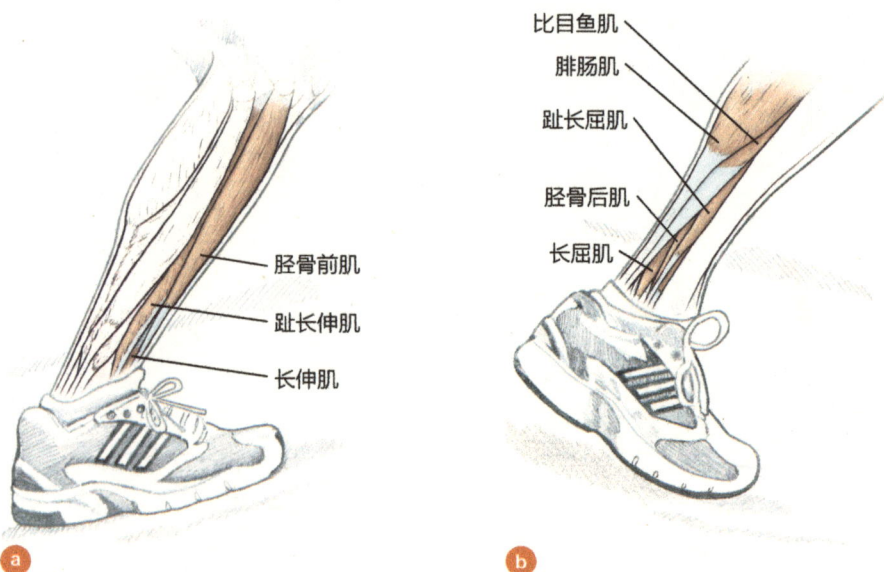

比目鱼肌

腓肠肌

趾长屈肌

胫骨后肌

长屈肌

胫骨前肌

趾长伸肌

长伸肌

a

b

图3.2 小腿和脚必须适应：a. 上坡；b. 下坡

洲际赛跑在全球发展迅猛,已经有专门的世界锦标赛,但经常还是在草地上举行。真正的爱好者更喜欢在9.6千米或更长距离的类似胶状的泥地上进行比赛,因为这样的道路需要他们每迈一步都要抬起双腿,同时还要尽量避免在不平稳的地面上向后滑倒。虽然选择适当的跑鞋可能会对进行这种运动有所帮助,但与在公路上跑步时感觉到的反弹相比,它对于每一步需要越来越费力的情况几乎没有帮助。

其实在弯曲和转弯的路面上跑步存在一定难度。跑者必须以正确的角度向一个方向倾斜,以防止侧摔。室内跑道的长度是室外跑道的一半,坡度更陡,为了让跑者不产生明显的倾斜,从而在180度的折返过程中更专注于保持自己的跑道。弯曲跑对下肢外侧施加压力,特别是阔筋膜张肌、腓骨肌,以及膝关节和踝关节外侧韧带,都能感受到额外的压力。腿部内侧会受到相似的影响。侧向力一定会被跑鞋吸收,当在急转弯时脚滑向外侧,鞋外侧起到抓地作用的花纹也不会起到帮助作用。由于这些原因,对许多有经验的、认为自己无所不知的跑者而言,第一次在室内跑道上跑步会让他们意识到这些。

由于许多道路都有弧度,始终沿着道路的一侧跑,会给跑者留下腿长差异的问题;在这种情况下,靠近路中间的那条腿会比另一条腿短。为了弥补这一缺陷,骨盆不可避免地会倾斜,反过来腰椎也会为了保持垂直而扭曲。如果你想要一个治疗腰痛的方法,这个是首选方式!当然,我们不建议在道路中间跑,但是交替沿着弯道的两边跑可能有助于缓解类似问题。

　　所有的训练必须依赖现有的设施。因此，居住在城市的登山跑者不太可能在其附近地区有适合训练的斜坡。但是他们仍可以以一定速度跑步，甚至可以在高楼的楼梯上模拟一些攀登动作。在崎岖不平、光滑或多石的路面上跑步要更加困难，因为此时的一个主要目标就是避免受伤。在这一点上，一个人必须考虑如何准备和所期望的结果。如果会涉及斜下坡跑，那么增强的柔韧性和力量会缓和双脚在着地时多次内翻和向内扭曲所承受的冲击力，以增强跑步表现。当一只向内翻或向内扭曲的脚着地时，会拉伸踝关节和膝关节外侧的韧带，但肢体外侧的肌肉会吸收更多的冲击力。相反，另一侧肢体，位于坡上较高的位置，肢体内侧会承受压力。当需要训练这种跑步方式时，训练计划中应该包括拉伸和加强适宜软组织的训练。

　　训练方案会影响身体适应速度和地形的方式。许多年前，一些跑者使用一种被称为LSD——长距离慢跑的训练方法。不幸的是，这种训练使他们只擅长缓慢的长跑，并导致他们遭受过劳损伤。像机器一样，人类的身体在长时间的重复疲劳使用下也会崩溃。

　　一个可以预防的方法就是使训练程序多样化。正如短跑运动员所展示的那样，快跑在于训练全身。当然，在某种程度上，这意味着跑得快，但很大一部分的训练计划对跑鞋或跑道都没有什么需求。对于长跑运动员来说应该是一样的，他们应该训练身体的特定部位也要训练全身。如果身体准备好了，无论是粗糙或是不平整的山坡和表面都可以更自信地面对，特别是已经知道了自己在哪些方面不足时。例如，那些知道自己在厚厚的泥浆中会失去优势的越野跑者，可以进行大腿肌肉的力量训练来提升自己在这种情况下的适应能力。

　　如果你无法适应跑步速度及所遇到的地形，那么你的表现水平就会下降，乐在其中的感觉也会消失。要记住这个可能会遇到的困难，本书涵盖所有这些可能性的应对指南来帮助你适应你想要进行的跑步方式，并使你成为一个更好的跑者。

结　论

　　遵循第2章训练进展模型中所列基本原则的跑者将会在跑步中取得成功，除非被生活所牵绊。换言之，除了本章讨论的因素外，跑步表现还受到外部因素的影响；这些额外的影响可以被归结为生活因素。例如，尽管训练计划周密，还是会发生受伤。工作会占用训练所需的时间；家庭责任会使一个人对训练的美好愿望成为笑柄。压力会产生皮质醇，这种激素有助于身体应对压力，但当压力持续时，它也会限制或完全关闭身体的各种系统。压力也会带来睡眠问题、消化问题和心脏问题。虽然健康的训练有助于缓解压力，但不健康的训练会加剧问题。

　　后续章节提供了有益于跑步和保持健康的力量训练练习。当与第2章提供的跑步训练模型相结合时，这些练习为你提供了一个精心设计的计划助你跑步成功。当你开始注意本章提到的可能影响你训练的外部因素时，你就可以满怀信心地继续前进，以实现你的跑步目标。

第4章

足部与踝部

任何结构想要经受住寿命的考验，都必须有坚实、牢固且足够宽大的底部。这种设计最好的例子就是金字塔。相比之下，人类必须要设法靠两个被脚所拓宽而稳定的细细的底部来行动。

小腿的主要负重骨是胫骨（图4.1）。它被较细的腓骨所固定，而构成铰接和弯曲的踝关节外侧的腓骨在踝关节处就显得更加重要。附着在这些骨骼上的肌肉控制着脚踝、跖骨以及足部趾骨的运动。踝关节本身几乎完全在前后平面移动，但形成跗骨的7块骨骼的位置可以使足部在跗跖关节和距下关节处内翻和外翻。这种能力使得每只脚向内和向外旋转，以适应不平或光滑的地面。

脚底只有3个骨骼会与地面接触，即位于脚跟下方的跟骨与跖骨的第1节、第5节。距骨、骰骨、舟状骨及3个楔状骨之间会形成一个复杂的三角形架构。这些骨骼成对排列，通过这种排列方式，每只脚的5个跖骨便能向上移动，完成纵向弓起的动作。这些骨骼不仅可以通过改变位置来弥补足部的变化，而且还使足部能够侧向移动。跗骨形成了骨弓的顶点，从脚趾的末端看，它们似乎在互相旋转，以使足部能够内外移动。这种运动使得人们可以用脚的内侧或外侧行走和奔跑。

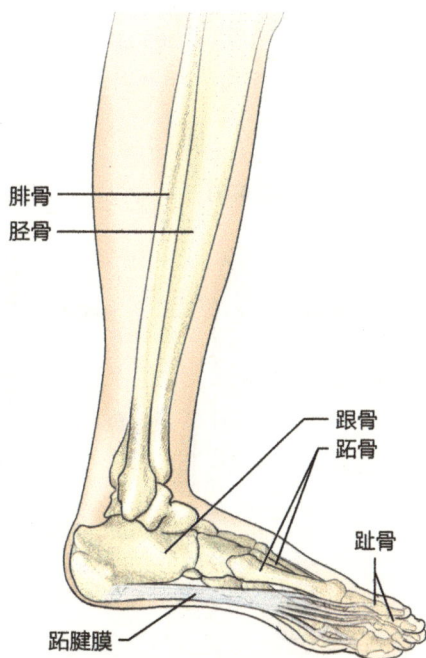

腓骨
胫骨

跟骨
距骨

趾骨

跖腱膜

图4.1 小腿与足部的骨骼结构和软组织

　　小腿提供向前推进的力量——具体来说就是后腔的两块肌肉（图4.2a）。比目鱼肌是较深的肌肉，与腓肠肌结合形成了跟腱，止于跟骨结节。它们的收缩会把这块骨头以及整个足部向后拉。更深一层的肌肉使跖骨和脚趾弯曲。这些肌肉——趾长屈肌、蹬长屈肌和胫骨后肌——使足部跖屈（向下指），由于它们跨越多个关节，也包括脚踝。

　　腿的前肌或伸肌（图4.2b），腿部的腔隙，位于胫骨和腓骨之间，周围为弹性相对较小的纤维鞘。腔内包括胫骨前肌、趾长伸肌和蹬指长伸肌。这些肌肉穿过脚踝前部，止于跗骨、跖骨和脚趾的趾骨，可以让脚趾抬起或背屈。对于大多数活动而言，这组肌肉不需要产生与小腿后肌相同的力量，因而不太发达，力量较弱。腓骨肌进一步为踝关节和脚跟提供了横向稳定性，腓骨肌源于腓骨，通过踝关节外侧止于跖骨外侧。

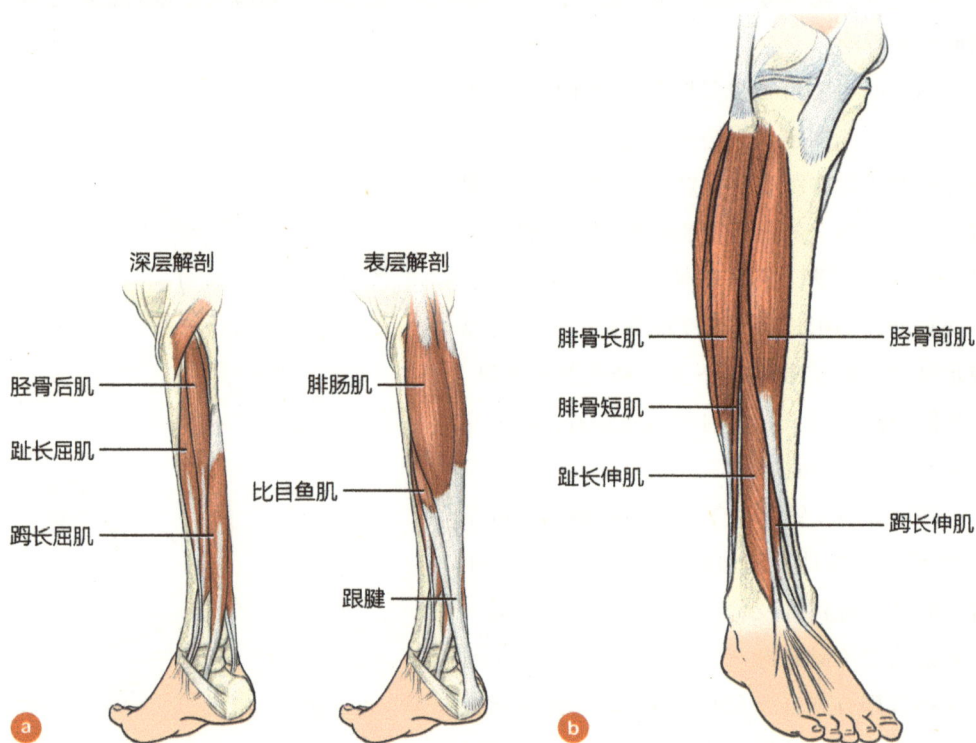

深层解剖　　　　表层解剖

胫骨后肌　　　　　　　　腓肠肌

趾长屈肌　　　　　　　　比目鱼肌

蹬长屈肌　　　　　　　　跟腱

a

腓骨长肌　　　　　　　　胫骨前肌

腓骨短肌

趾长伸肌　　　　　　　　蹬长伸肌

b

图4.2　小腿与足部：a. 背面；b. 前面

跟腱能产生非常强大的力量，但也由于其神经高度发达，在损伤时往往非常疼痛；而且该部位血液流通不佳，愈合速度也较慢。足底筋膜也是如此，它起于跟骨的前部延伸至5个跖骨的底部。足底筋膜是一种不易弯曲的纤维组织，最薄弱点在脚跟。如果从内部用二维角度观察足部，足底筋膜为跗骨和跖骨形成的三角形提供了水平基础。

这部分解剖学必须在功能基础上加以考虑。我们可以通过观看慢动作的足部落地和腾空记录来帮助我们理解每个步态涉及的动作。脚在由脚掌完成落地之前，会微微向内旋转并将身体重量传递到足外侧，然后脚与地面进行初接触，这被称为踵击。一些跑者会先用脚趾着地，有时是因为不能充分地背屈。这种缺少踵击的情况可能是由遗传或结构原因造成的。然而，大多数人只能用脚趾跑很短的时间和距离，因为这样做会让相对较弱的脚趾屈肌代替强壮的小腿肌肉进行跖屈运动——特别是背屈受限的时候。

脚一旦站平于地面，足部的运动就会朝反方向进行，在起步离地阶段，脚跟会先离开地面，然后沿着跖骨外向内，最后由脚掌推动脚离开地面。在这一过程中，所有涉及的肌肉都会按顺序规律地开始收缩或扩张，而且不是所有肌肉都同时发力。

在此我们需要说明关于足内翻或外翻的一些错误认知。足内运动包括3个相关但独立的要素：（1）在距下关节，可内翻或外翻，或向内和向外翻转；（2）足中部是负责外展和内收的部位，运动仅发生在水平面上；（3）前脚的运动主要是向上和向下，跖屈或背屈。内旋涉及这些关节的复合运动，包括距下关节的外翻，足中部的外展，以及前足背屈。外旋涉及相反的运动，即距下关节内翻，足中部内收和前足跖屈。其中一些动作在每只脚每个步伐中都有所表现。然而，当活动幅度超出正常范围时，跑者可能会过度拉伸连接骨骼的内部韧带，进而导致疼痛或损伤。

　　例如，当足部着地且过度内旋时，相对较弱的纵弓会严重向内倾斜，同时脚趾会朝向外侧，同时旋转胫骨和足中部韧带而对胫骨造成压力。然而这种压力也会降低足部内翻肌完成动作的效率。外旋涉及相反的动作；也就是说，落地时，跑者的足部外侧承受力量。在这种情况下，胫骨异常外旋，附加在腓骨肌上的张力可能扩散到髂胫束。由于双脚过度活动时产生的内部张力，严重外旋的足部对长跑运动员来说可能是一个很大的障碍，尽管世界上许多跑得最快的运动员已经克服了这种潜在的障碍。

　　另外两种解剖变异包括高而坚硬的足弓，可能（但不一定）外旋；以及扁平的足弓，可能有或没有内旋。对于这两种脚型来说，缺乏灵活性可能会构成力学机制上的劣势，因而受此影响的跑者速度会比他们潜在或建议的速度慢。

具体的训练指南

　　这里展示的一些站立练习，应该或可以单侧进行，也就是说每次使用一条腿进行训练。如果适当地进行训练，这种类型的运动可以通过调动所有主要的腿部肌肉来加强目标肌肉，以建立平衡。提高稳定性的训练需要强化腹部、背部和髋部的核心肌肉，以保持适当的姿势。进行大多数单侧无支撑站立练习有助于确保有针对性的特定肌肉与协同的核心肌肉发展力量，并通过足够的重复次数来增强肌肉的耐力。

哑铃单腿提踵

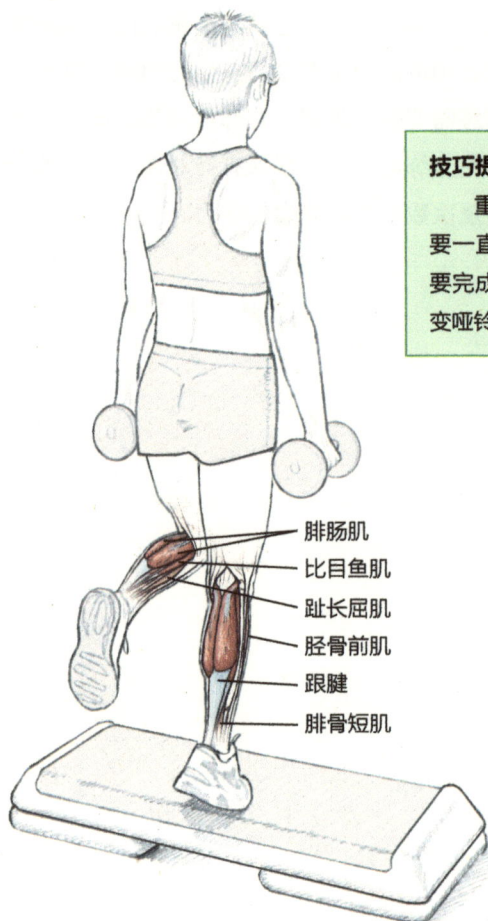

技巧提示

　　重复运动直到小腿肌肉开始酸痛。不要一直做到疲劳，除非你只做这1组。只要完成1~3组即可，而且跑者可以通过改变哑铃的重量来调整训练的难度。

腓肠肌
比目鱼肌
趾长屈肌
胫骨前肌
跟腱
腓骨短肌

执行步骤

1. 单脚站立，只用前脚掌及脚趾接触踏板，足弓和脚跟悬空。另一腿小腿向后抬起至与地面平行。双手各握一个哑铃，双臂垂直朝下，沿着髋部和股四头肌群的侧面伸直。

2. 维持正确的姿势，然后利用腹肌的力量保持上半身挺直和平稳。站在平台上的脚向上踮起（跖屈）。膝关节不要过伸，腿部应伸直或稍微弯曲5度左右。

3. 放下踮起的脚（背屈）并回到起始姿势。每组做到可忍受的最多次数，然后换另一侧腿重复练习。

参与的肌肉

主要肌群： 腓肠肌和比目鱼肌

辅助肌群： 胫骨前肌、腓骨短肌和趾长屈肌

参与的软组织

主要部位： 跟腱

跑步要点

单腿提踵应该是每个跑者力量训练方案的主要部分，因为它很容易完成，只需要很少的设备，而且可用于多种目的。具体来说，它既可以用来增强力量，防止损伤，也可以用来恢复跟腱或小腿肌肉的损伤。如果跑者还在遭受伤病的原始影响，就可以进行这项训练。然而，在出现损伤之后，也可以安全地进行，前提是通过对疼痛程度的主观评价或客观的核磁共振（MRI）的评估，确实有愈合发生。

如本书第9章所述，通过在运动中加入离心或被动的元素（肌肉拉伸），可以使此运动对小腿及跟腱更有训练的价值。也有假设说肌肉通过离心收缩会得到最大加强，而且这种收缩更适合发展快肌纤维。

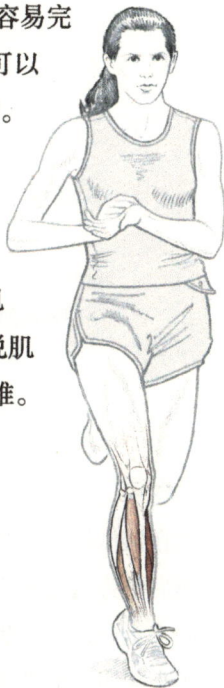

器械站姿提踵

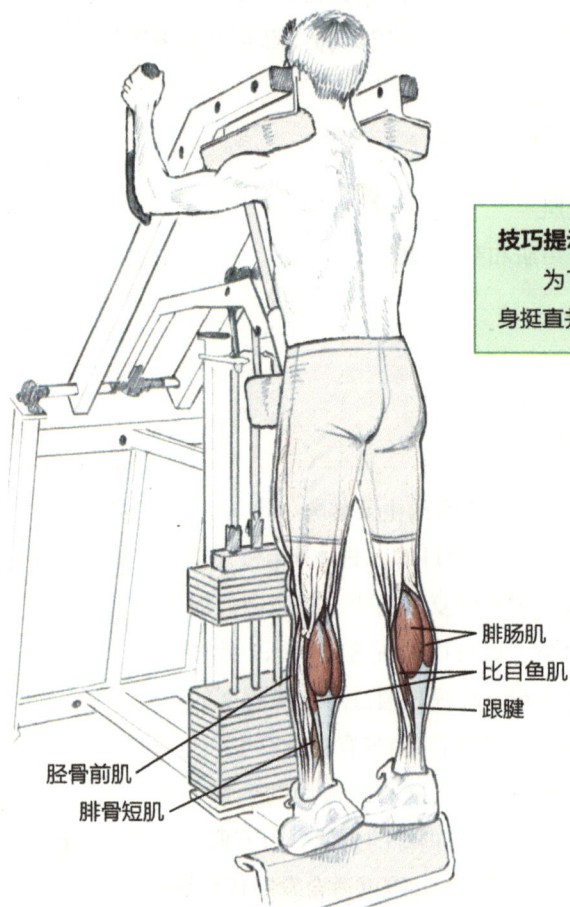

腓肠肌
比目鱼肌
跟腱
胫骨前肌
腓骨短肌

技巧提示

为了维持正确姿势，要保持上身挺直并利用腹肌发力。

执行步骤

1. 站在器械肩垫的下方，膝关节稍弯曲。挺直上身，腹肌发力来维持适宜的姿势。手轻握肩垫旁边的把手。

2. 向上提起脚跟（跖屈），直到双脚只有跖骨与脚趾接触踏板，脚趾保持放松，重点在于小腿肌肉的伸展。

3. 放下脚跟，直到感觉小腿完全伸展。重复练习。

参与的肌肉

主要肌群：腓肠肌和比目鱼肌

辅助肌群：胫骨前肌和腓骨短肌

参与的软组织

主要部位：跟腱

跑步要点

站姿提踵是另一项旨在强化小腿肌肉（腓肠肌和比目鱼肌）和跟腱的运动。该运动强化腓肠肌——小腿的大部分——多于比目鱼肌，但它确实也作用于较小的肌肉。这个练习可与单腿提踵练习在同一次训练中进行，以让小腿肌肉达到真正的疲劳状态。或者，当练习目标在于每个身体部位只做一种练习时，单独使用此练习。

小腿肌肉和跟腱在脚跟着地后承担了大部分冲击力的吸收和转移作用。当跑者穿着鞋跟高度低于传统跑鞋的轻便跑鞋跑步时，这种作用就变得更加明显。为了减少冲击和增加整个步态周期的推进力，跑者都应该在训练中加入增强小腿的练习。这些练习可以在跑步进程的任何阶段进行，如果没有受伤发生，这些练习在比赛阶段应更加重视。

变体形式

器械坐姿提踵

坐姿提踵与站姿提踵对于解剖学部位的影响有很多相似之处。这两种运动的区别在于比目鱼肌的参与程度。具体来说，当进行坐姿提踵时，腓肠肌的影响较小，这样比目鱼肌就会成为小腿主要的发力肌肉。

增强比目鱼肌有助于小腿产生跑步步态周期起步阶段所需的推进力，同时还能帮助穿着平底跑鞋参加比赛的跑者在比赛过程中或训练后克服小腿疼痛，预防跟腱紧张。相比较而言，低跟平底鞋或钉鞋容易造成跟腱过度拉伸，而增强和伸展比目鱼肌便能缓和跟腱的过度拉伸，防止运动损伤。

弹力带跖屈

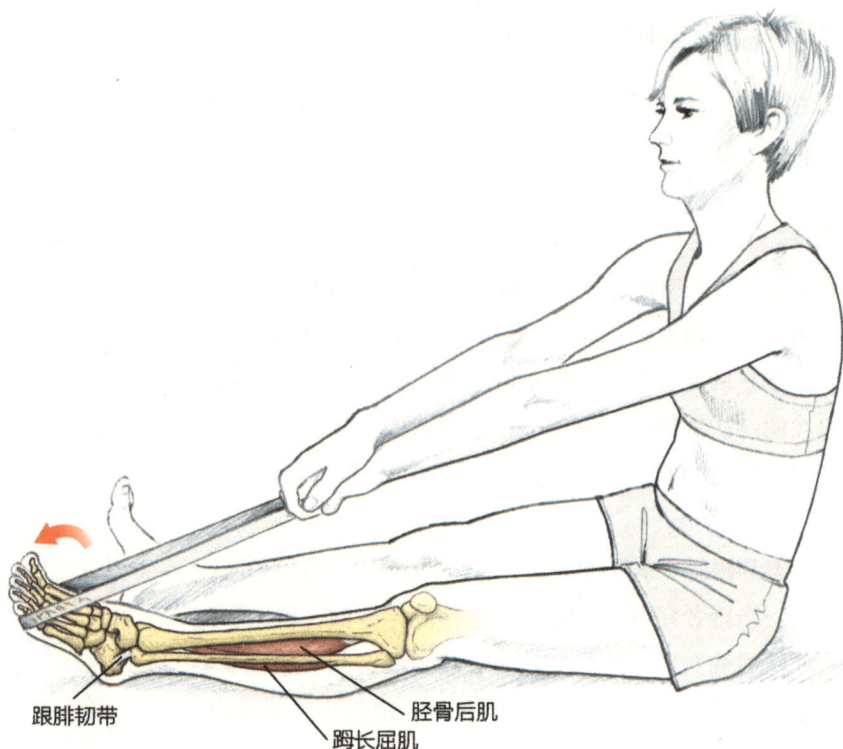

跟腓韧带   胫骨后肌
                 姆长屈肌

执行步骤

1. 坐在地板上，双腿在身体前面完全伸展。在脚下拉伸一条弹力带，将它缠绕在跖骨头部所在的脚掌上。用双手握住带子。在练习开始前，带子要绷紧，不能松弛。

2. 将足部完全伸展（跖屈）。

3. 完全伸展时，姿势保持1秒，然后以平稳、连贯的方式拉回弹力带。双脚被迫背屈，并回到最初的位置。

4. 重复推拉练习，自始至终调整张力，直到疲劳为止。

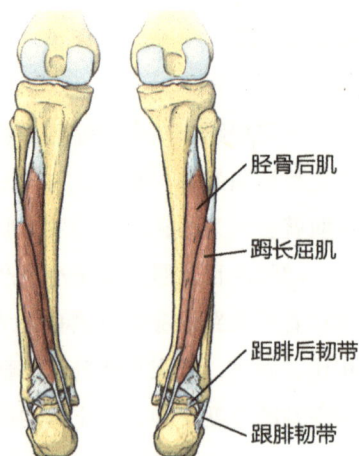

胫骨后肌

姆长屈肌

距腓后韧带

跟腓韧带

参与的肌肉

主要肌群：胫骨后肌和踇长屈肌

参与的软组织

主要部位：距腓后韧带和跟腓韧带

跑步要点

你可能还记得，第3章讨论了在各种地形上跑步所需要的适应能力，并提供了一些关于足部和踝部在跑步表现中的作用的见解。这种运动可以提高足部和踝部的力量和柔韧性，以防止在不平的地形上跑步而受伤，并为步态周期的支撑阶段提供一定协助。

因为这种练习不需负重，所以可以每天进行。它既可以作为一种康复练习来克服脚踝扭伤，也可以单独作为一种练习来提高力量和柔韧性。因为练习者可以控制弹力带的张力，所以每次重复练习都可以让运动变得更困难或更容易。在运动过程中，运动员应重点关注动作是否流畅且具爆发性。因为通过拉伸弹力带可以提供适当的阻力，所以通过逐步拉放手中的弹力带末端，能很轻易地调整其紧度。

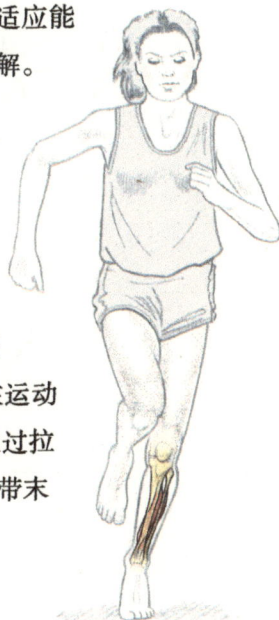

脚踝负重背屈

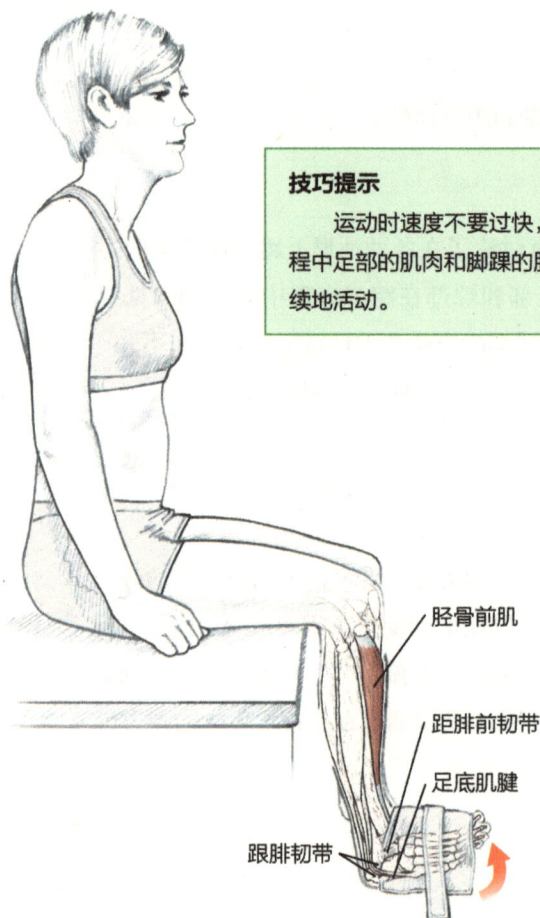

技巧提示

　　运动时速度不要过快，在运动过程中足部的肌肉和脚踝的肌腱必须持续地活动。

胫骨前肌

距腓前韧带

足底肌腱

跟腓韧带

执行步骤

1. 坐在桌子上并弯曲膝关节，小腿悬垂于桌子边缘。确保脚踝安全的前提下，在足中部增加重量来产生适当的阻力。上半身保持挺直，双手置于两侧以确保身体的平衡。

2. 动作流畅有力，足部背屈，即脚趾朝胫骨方向完全伸展（脚趾朝上和朝下运动）。 小腿弯曲90度，切勿摇晃小腿辅助足部和脚踝移动重量。

3. 慢慢降低弯曲的脚（足部跖屈，不需完全伸展），并且重复运动直到足部疲劳。将重量换到另一只脚，并且重复运动。

参与的肌肉

主要肌群：胫骨前肌

参与的软组织

主要部位：距腓前韧带、跟腓韧带和足底肌腱

跑步要点

这是另一种足部与踝部可每天进行的无负重运动，既可以用于损伤康复，也可以提高力量和柔韧性。可以改变踝带的重量，以微调运动的效果。例如，用更重的重量做更少的重复动作以强调强化，而用更轻的重量做更多的重复动作有助于提升灵活性与耐力。

变体形式

弹力带足部背屈

此练习也可以用弹力带完成，就像足部跖屈练习一样。此外，还可以交替进行两种练习，首先是足部跖屈对抗弹力带的阻力，然后立即随拉向身体的弹力带背屈至充分，之后准备再次跖屈。

弹力带足部外翻

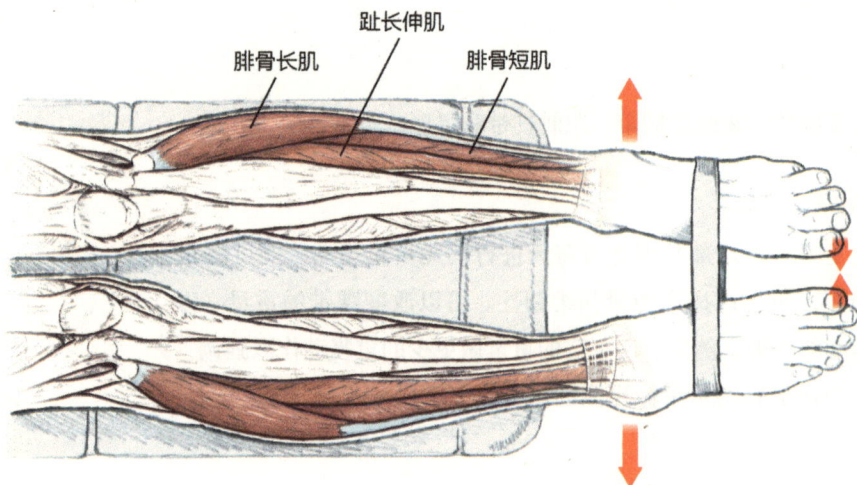

腓骨长肌　　趾长伸肌　　腓骨短肌

执行步骤

1. 坐在训练椅上，完全伸展双腿，只有跟腱、脚踝和双脚悬空。 双手放在身后的椅上支撑身体的重量。用弹力带紧紧地套住双脚，脚底向下跖屈，双脚相距约15厘米。
2. 双脚向内旋转，大脚趾朝下，双脚向外推抵抗弹力带所产生的阻力，维持3~5秒。
3. 放松3~5秒，然后重复运动。

参与的肌肉

　　主要肌群：腓骨长肌、腓骨短肌、趾长伸肌。

跑步要点

　　正如本章前言所述，内旋是在3个平面上运动的结果，而不仅仅是一个平面。足部外翻就是其中的一个动作，在足底跖屈时主要由腓骨长肌控制，而足部背屈时由腓骨短肌控制。这个练习是以跖屈姿势进行的，因为这是一个相对简单的运动，尤其是对于足部过度内旋的跑者来说。下旋前肌或旋后肌将受益于这项运动，因为这种运动并不是足部的自然运动。

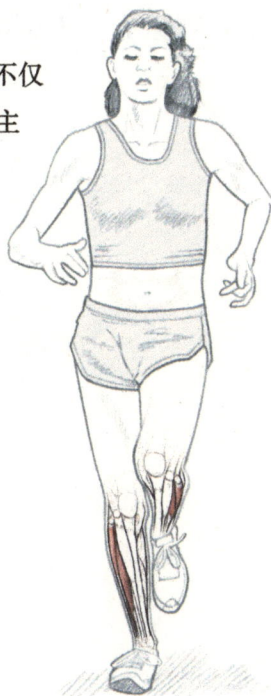

足部

波速球（半圆健身球）足部内翻

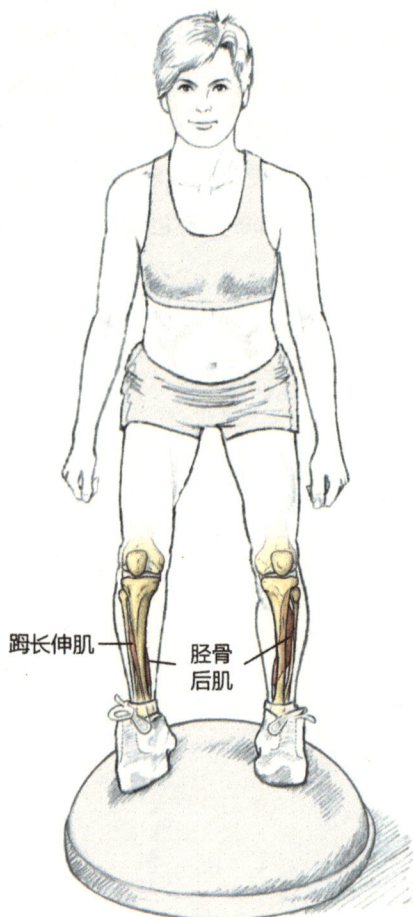

踇长伸肌　　胫骨后肌

执行步骤

1. 站在充气充足圆顶朝上的波速球上，建立一个合适的脚部姿势来保持身体平衡。

2. 当双脚以内翻姿势站在波速球上时，进行书中包含的任意站立练习（详细内容请参考跑步要点章节）。

3. 双脚很快就会疲劳，你可以站在平地上休息一会儿然后继续在波速球上重复练习。

参与的肌肉

主要肌群：胫骨后肌

辅助肌群：踇长伸肌

跑步要点

许多健身教练把波速球当成强化平衡能力与本体感受的工具，这有利于越野跑步比赛和训练的跑者。而且双脚在球上呈内翻姿势可以加强脚踝的力量和灵活性，这有助于在步态周期支撑每只脚。

在波速球上进行专项练习时，比起练习本身，应更注重保持平衡。考虑到球顶的弯曲度，在整个练习过程中，双脚都处于一种内翻姿势。例如，哑铃深蹲是一种足内翻姿势下，增强足部和脚踝力量很好的练习；另一种相对没那么动态的选择是哑铃弯举；或者可以每个练习都做一组或几组。其重点在于每只脚的内翻姿势，但是把它与其他练习相结合就可以创造出一种节省时间的复合运动。

波速球给正常的力量训练增加了一个转折，从而使常规训练更加多样化并且令人愉悦。然而，有些运动不应该在波速球上进行——具体来说，就是会对膝关节造成很大负重和力矩的练习（例如，负重全蹲）。

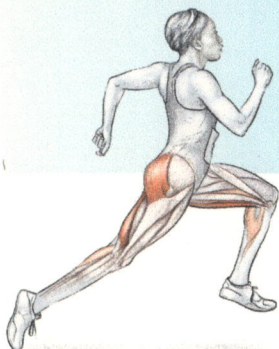

第5章

腿部

在研究参与跑步的身体部位时，我们必须考虑软组织的构成和与之相连的骨骼结构。一个部位的运动会引起另一部位的反向运动；而且，任何两个结构越接近，它们相互影响的程度就越大。例如，膝关节弯曲。为了弯曲膝关节，必须主动收缩腘绳肌，使股四头肌被动伸展。

这种连接性伴随着身体的每一个动作，每一次呼吸，每一次抽动，无论多么微小。最真实的情况莫过于位于核心部位和大腿之间的区域，下肢在此区域与骨盆无缝结合。骨盆的一些肌肉有助于腿部的运动和稳定，反之亦然。在另一个例子中，在膝盖处，肌肉连接两个关节，影响了这些关节的动作和力量。因为腿部承受着上半身（腰部以上）的重量，在长距离运动中的某些情况下，下肢通过将力量和灵活性相结合，产生了最大运动效率。

大腿骨骼（图5.1），或股骨的解剖结构，从起点通过髋关节插入耻骨和坐骨。覆盖在膝关节上的髌骨起着滑轮的作用。具体地说，它在股骨下端的沟槽中运动，以引导伸展膝关节的股四头肌的力量。

事实上，伸展膝关节是股四头肌群的主要功能（图5.2a）。它以以下方式进行：从外侧到中心线、股外侧肌、股直肌、股内侧肌在髌骨上缘汇合并通过胫骨上部的髌韧带的拉动伸展膝关节。这组身体最大肌肉的收缩会把膝盖拉向胸部。这是因为这些肌肉中的一部分起于髋关节的前方或上方，这意味着它们的收缩会导致它们充当髋屈肌。这种动态与短跑运动员密切相关，他们可以在股四头肌大幅收缩时借此获得额外的步幅。然而，在长跑运动中，这种高抬膝运动会浪费能量；因此，在较长距离的运动中，髋关节和膝关节运动的范围较小。

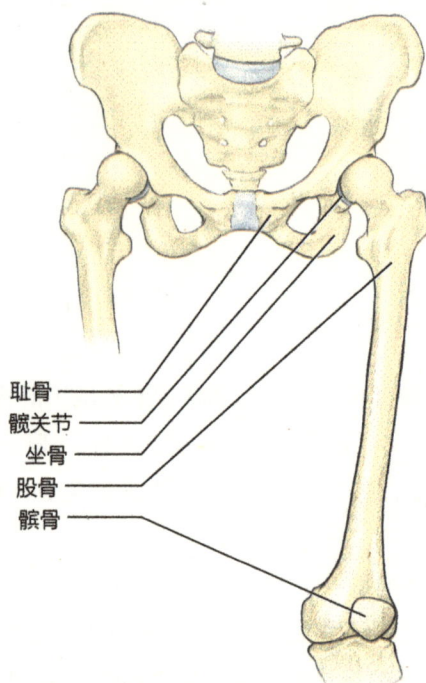

耻骨
髋关节
坐骨
股骨
髌骨

图5.1 大腿的骨骼结构

　　因此，股四头肌在跑步动作中具有双重作用，两个动作的目的都是增大步幅（图1.2）。如果膝关节完全伸展，股四头肌同时屈髋，那么不仅可以使步幅最大化，而且增加了腾空时间，在落地之前允许已经产生的动量进一步推动身体向前。

　　腘绳肌的情况也与之类似（图5.2b），它们跨越了同样的两个关节，但与股四头肌的作用方式相反；也就是说，它们负责伸展髋部和屈膝。腘绳肌——半腱肌、半膜肌和股二头肌——在肌肉的中部汇合，起源于骨盆内的不同部位，在膝盖后面分开，并插入胫骨和腓骨的后部。腘绳肌的收缩同时带动大腿和小腿向后移，这种运动在短跑运动员中往往被夸大（图1.3和图1.4）。然而，对于长跑运动员来说，加大膝关节屈曲是低效动作；相反，长跑运动员腘绳肌的大部分运动发生在髋部。

　　把一个完整的腘绳肌拆解成两个独立的部分来说明，也许会比较容易理解这个肌群的主要功用。这个概念一开始可能听起来很荒谬，但该肌群上部连接到髋关节作为伸肌，而下部能同时弯曲和限制膝关节的伸展。当然，在显微镜下观察肌群时，肌群内看起来没有区别；这种差异纯粹是功能性的。对长跑运动员来说，虽然腘绳肌在髋关节和膝关节上的运动范围有限，但它们在小角度内移动的收缩力是非常强的。

腰大肌

阔筋膜张肌

耻骨肌

长收肌

缝匠肌

大收肌

股薄肌

股直肌（股中肌位
于股直肌深面）

股外侧肌

股四头肌

股内侧肌

臀中肌

臀大肌

臀小肌

臀中肌（切口）

梨状肌

大收肌

半膜肌

半腱肌

股二头肌（长头）

腘绳肌

股二头肌（短头）

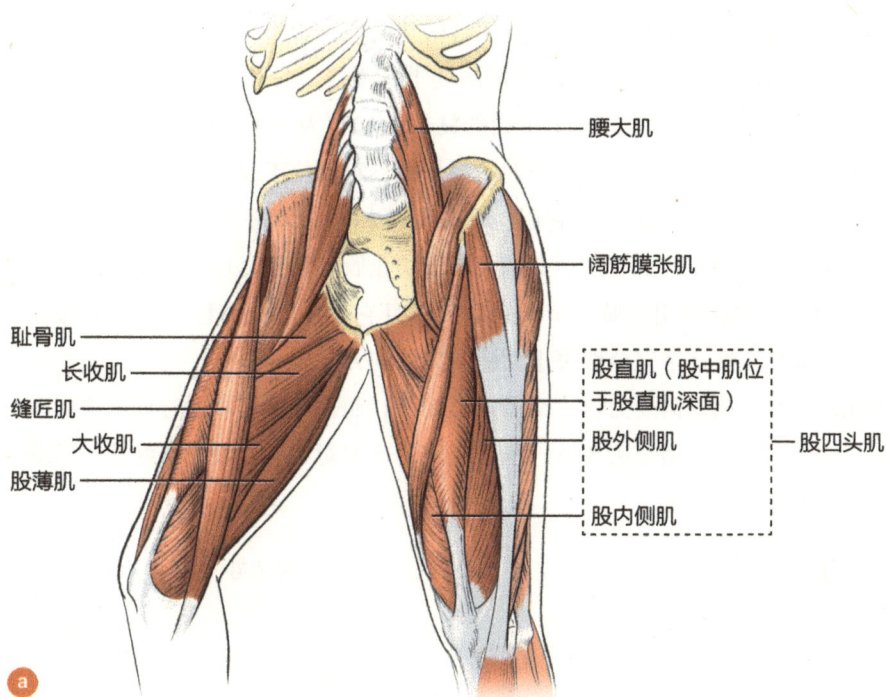

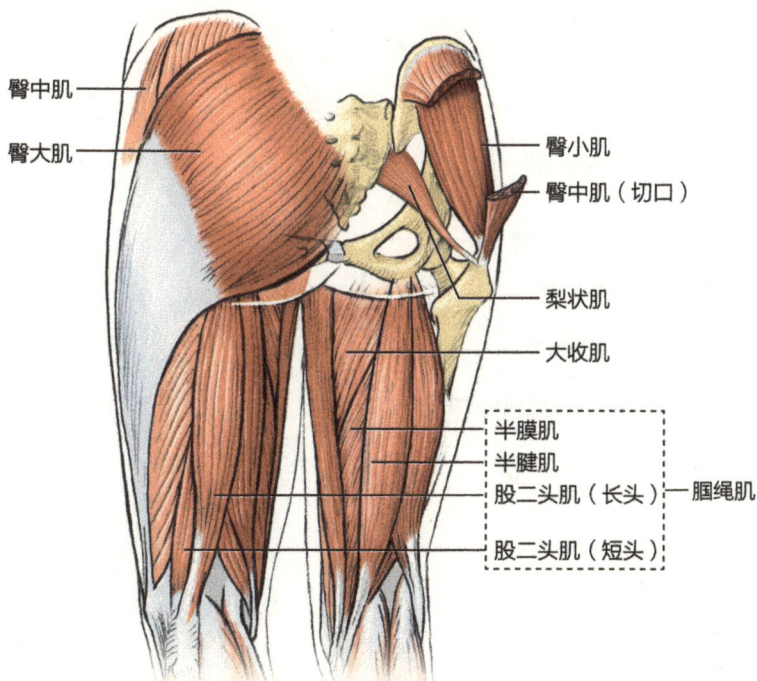

图5.2　大腿：a.前面；b.后面

　　虽然往往被遗忘，但膝关节也具备扭转的功能——否则一个跑者如何转弯或应付不平坦的地形？膝关节（图5.3）有两个侧副韧带，连接股骨和胫骨的内侧副韧带和连接股骨和腓骨的外侧副韧带。这两个单独的韧带一起作为一个转轴来进行前后运动。然而，旋转依靠的是新月状的、略具弹性的半月板，它由位于股骨和胫骨之间的纤维软骨构成，通过膝关节将重量分散。它们也让骨头互相扭转。每个膝关节都有一个前交叉韧带和一个后交叉韧带，呈十字形交叉，可以防止股骨和胫骨过度向前或向后运动。然而，它们的主要功能是引导膝关节的运动，而且它们在膝关节稳定性中只起很小的作用，而膝关节稳定性几乎完全取决于大腿肌肉群的力量。

　　因此，大腿肌肉既需要力量，又需要柔韧性，而这些都可以通过训练得到改善。而且，保持两者之间的平衡至关重要，虽然坚硬的肌肉对柔韧性没什么好处，但缺乏肌肉会造成相关的虚弱。

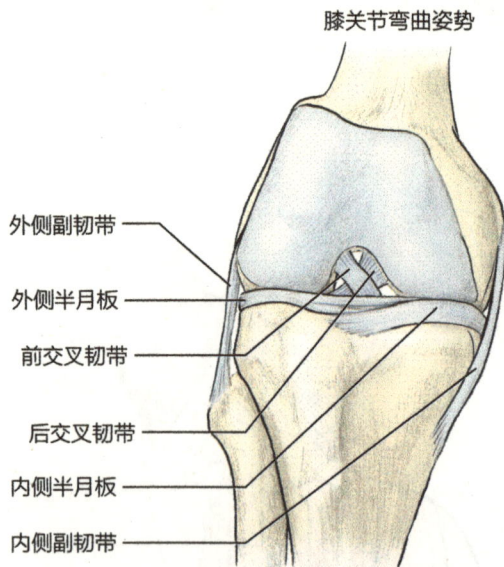

图5.3　膝部韧带与组织

具体的训练指导方针

　　下面的一些大腿练习需要注意保护膝关节。因为股四头肌和腘绳肌群都附着在膝关节上，同时也因为膝关节为了适应转弯、上坡、下坡和各种地形变化而扭转——膝关节会持续进行稳定和放松。刚开始的时候，弓步练习很难完成，所以在增加阻力之前，必须注意减轻重量来完善这个动作。器械辅助练习有助于保护关节，但仅限于固定范围的运动，并会降低其作为功能性练习的有效性。

　　这里介绍的所有练习都可以作为大腿部位入门及力量（阈值）训练阶段很好的选择。然而，在最后阶段，也就是强调最大摄氧量训练的阶段，跑者应该只完成那些在力量练习之后并没有导致过度疲劳的练习。为了帮助跑者确定应该避免哪些练习、重量和次数，你需要记录训练的效果。

器械髋部内收

技巧提示
　　避免用双脚的力量移动重物，重点是用内收肌的力量收拢双腿。

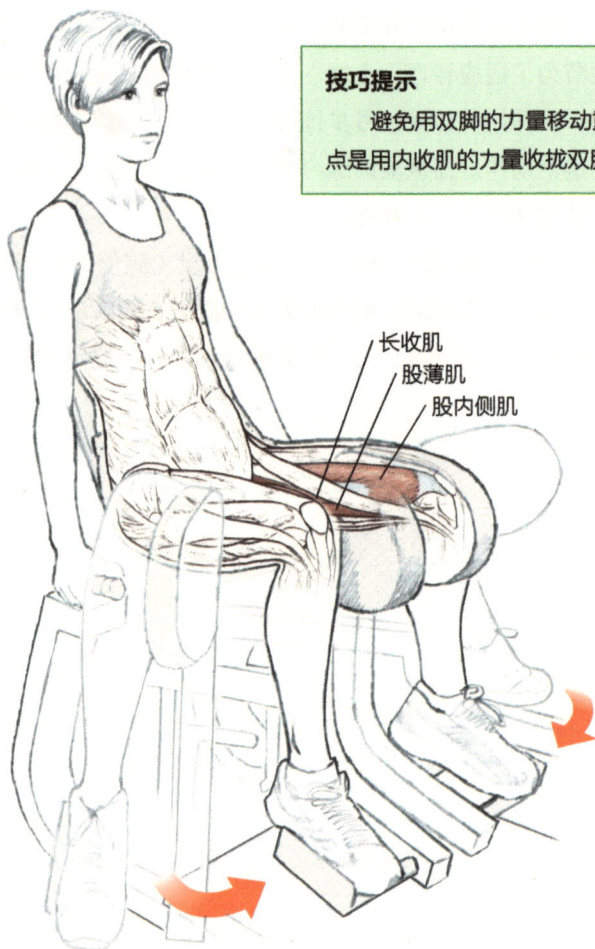

长收肌
股薄肌
股内侧肌

执行步骤

1. 让器械靠板在膝部内侧，以正确的姿势坐好。

2. 双腿向内夹紧靠板，运动过程中应保持动作流畅，持续均匀发力。

3. 慢慢抵抗阻力回到起始姿势。

参与的肌肉

主要肌群：长收肌、短收肌、大收肌和股薄肌

辅助肌群：股内侧肌

跑步要点

内收肌练习既可以用于力量提升项目，也可以作为发展辅助肌肉并且不对膝关节施加过度压力的康复治疗方案的一部分。传统治疗认为一些膝关节问题是由股四头肌的不平衡引起的，这会导致髌骨的运动轨迹出现问题。为了防止髌骨过度横向运动，内收肌练习主要加强内收肌群，其次是股内侧肌。发展内收肌群和大腿股四头肌的力量有助于在跑步步态的推进阶段进行强有力的伸展。为了防止股四头肌的不平衡，可以在同一器械上进行外展肌练习，如第6章所述。

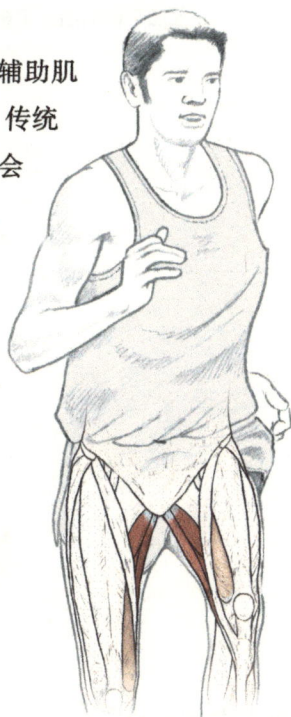

器械腿部伸展

技巧提示
　　避免用膝关节过伸和身体摇摆来帮助抬起重量。

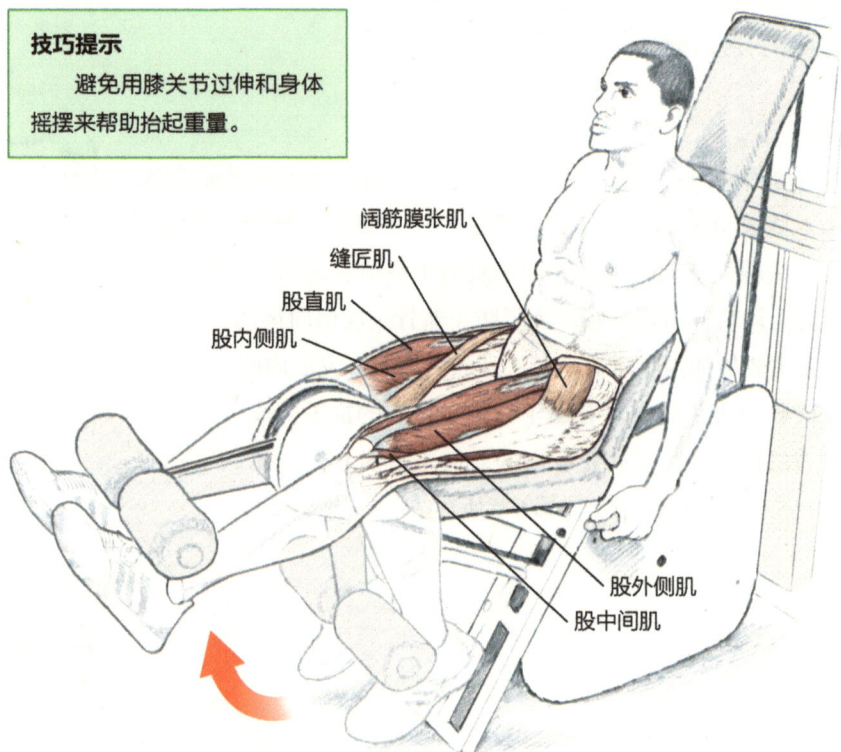

阔筋膜张肌
缝匠肌
股直肌
股内侧肌

股外侧肌
股中间肌

执行步骤

1. 在腿部伸展机坐好。保持背部挺直，膝盖与重量杠杆的支点对齐。抓住座位两侧的把手，但不要用力。
2. 选择适当的重量，双腿流畅地完全伸直（但不要过度伸展）。
3. 双腿完全伸直后慢慢放下。抵抗阻力时应深吸气。

参与的肌肉

　　主要肌群：股四头肌群（股直肌、股外侧肌、股内侧肌、股中间肌）
　　辅助肌群：阔筋膜张肌和缝匠肌

跑步要点

器械腿部伸展练习操作简单并可大大增强股四头肌力量。它同样可以促进股四头肌的发育，协助髌骨在正确的轨道上运动。对于遭受髌骨损伤的跑者来说，这项练习需要完全伸展，将会给髌骨带来过大的压力。这些跑者可以使用运动角度小的变式练习来增强股四头肌（只做到全伸展角度的最后15~20度即可），这有助于减轻髌骨的负荷。刚才介绍的变式并不能起到它原有的作用，因此，由于它的力量提升效果一般，应该只在训练的基础阶段进行。

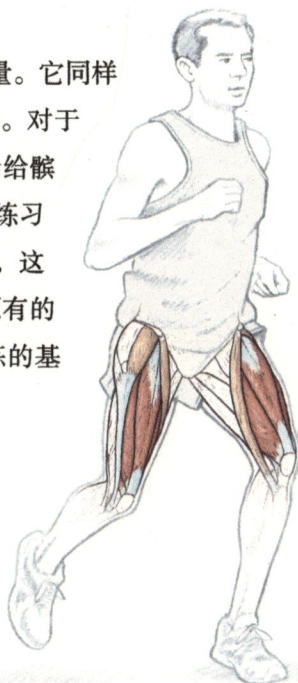

变体形式

器械小角度腿部伸展

对于那些膝关节疼痛的髌骨综合征跑者来说，小角度腿部伸展练习是一项可以发展股四头肌力量的很好运动。它的唯一缺点在于不能在完整的范围内运动；然而，一旦膝关节疼痛消失，就可以进行完全伸展的练习。

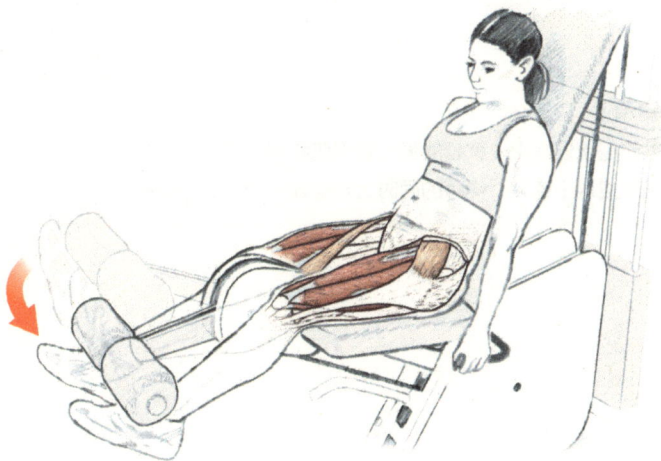

器械臀腿起

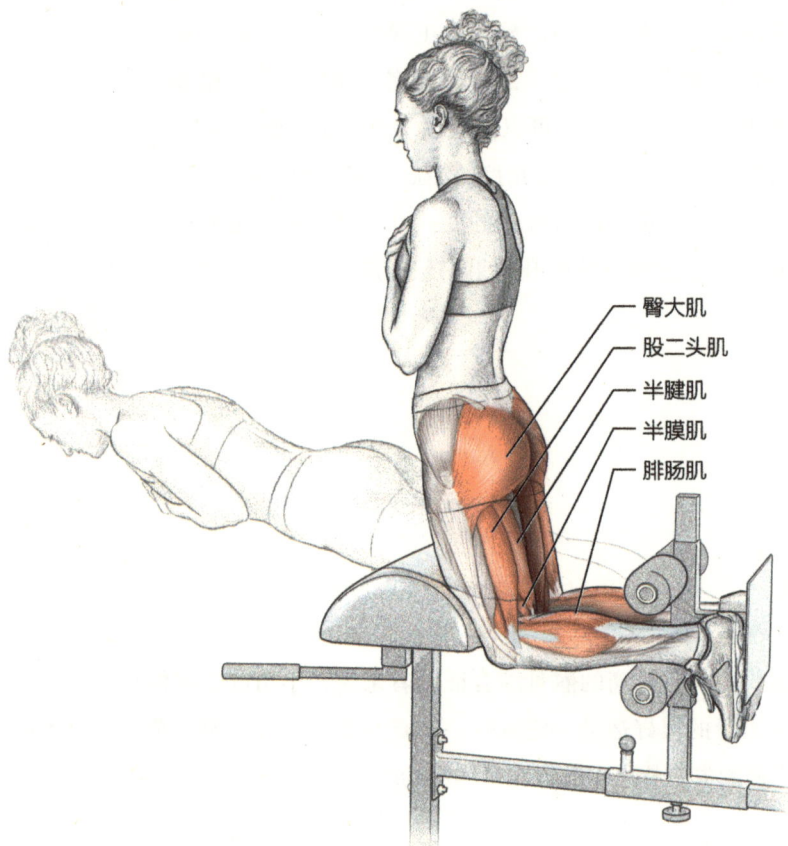

臀大肌
股二头肌
半腱肌
半膜肌
腓肠肌

技巧提示
- 伸展时越接近水平，就越能锻炼腘绳肌和臀大肌。
- 精确完成这个练习，伸膝的同时上半身在一个平面内伸展。

执行步骤

1. 开始要在教练的帮助下，调整臀腿抬高器的靠垫，以适应自己的身体。

2. 跪在器械上，让胫骨接触下软垫，股四头肌（大腿）垂直于胫骨压在垂直软垫上。双脚应该伸展并蹬住后面的两块板。

3. 双手交叉放在胸前。在同一平面内伸展并降低上半身（髋部略靠软垫的前方），同时双膝在后方软垫上伸展。将上身伸展至与地面水平的位置。

4. 一旦完全伸展，抬起上半身下降膝盖至原来的位置。

参与的肌肉

主要肌群：臀大肌、臀中肌、臀小肌、腘绳肌（半腱肌、半膜肌、股二头肌）

辅助肌群：大收肌、腓肠肌

跑步要点

正如名称所示，臀腿抬高既能锻炼腘绳肌，也能锻炼臀大肌，这使它成为跑者的一种功能性练习。股后肌群帮助你跑得快，但如果你主要将跑步作为一种娱乐活动，那么你不用跑得太快。大多数长跑运动员的腘绳肌也不发达。臀大肌可以稳定核心肌群，有助于髋部伸展，使跑步时的身体姿势更佳。所以这项练习实用性很高，因为它既可以帮助速度的发展也有利于摆正姿态。此外，增强腘绳肌和臀大肌可以使肌肉更匀称，降低虚弱肌群受伤的风险。大多数力量训练方案要求在完成深蹲后进行这项练习。

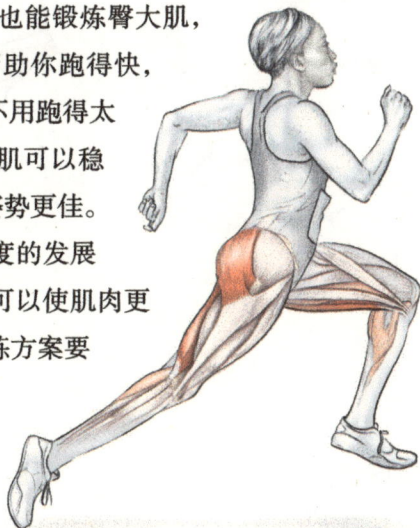

胭绳肌

哑铃箭步蹲

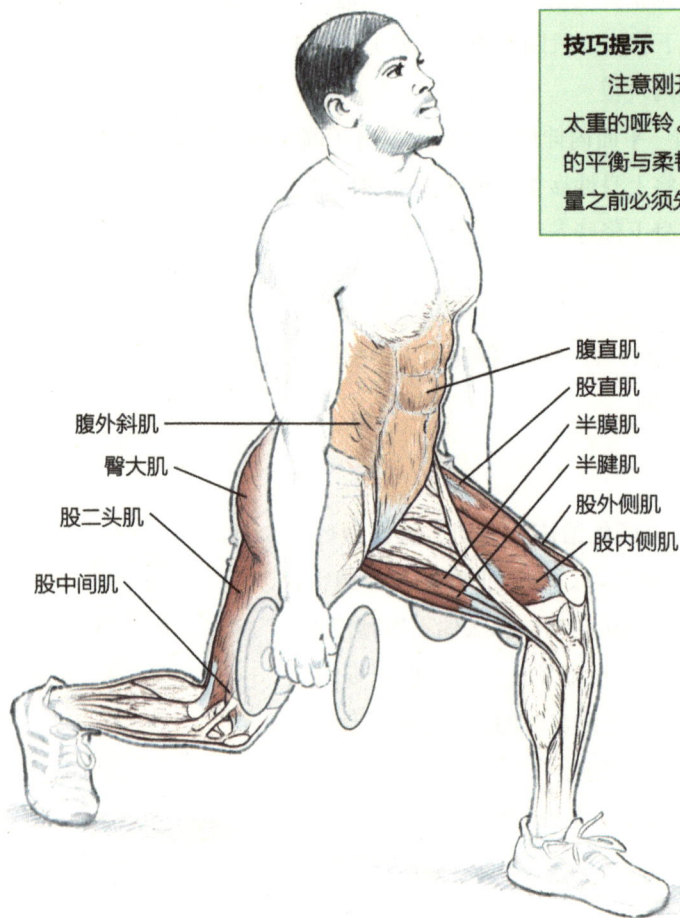

腹外斜肌

臀大肌

股二头肌

股中间肌

腹直肌

股直肌

半膜肌

半腱肌

股外侧肌

股内侧肌

执行步骤

1. 双脚分开与肩同宽，并且保持正确的站立姿势。双手各握住一个较轻的哑铃。

2. 一只脚向前迈出一小步，同时降低髋部的高度，让迈步腿的股四头肌与地面保持平行，且降低迈步腿使膝关节弯曲90度。利用后腿保持身体的平衡。

3. 大腿与地面平行后，迈步腿上推，回到起始的姿势。可以先以单腿完成一整套重复动作，或是双腿轮流练习。

参与的肌肉

主要肌群：股四头肌（股直肌、股外侧肌、股内侧肌、股中间肌）、腘绳肌（半腱肌、半膜肌、股二头肌）、臀大肌

辅助肌群：腹直肌、腹外斜肌

> **安全提示：**在这项练习中，膝关节受伤的可能性相当大，因为在进行有难度的无氧运动时，膝关节相对脆弱，处于不稳定的位置。为了避免受伤，不要让膝关节超过前脚的脚趾。
>
> **注意：**一些股骨特别长的跑者，很难做到膝盖不超过脚趾。在镜子前练习，如果姿势正确，膝盖仍然超过脚趾，那就只能这样做了。

跑步要点

和深蹲一样，箭步蹲能提升核心肌群、腘绳肌和股四头肌的力量。然而，要掌握正确的动作姿势并非易事。在增加重量之前一定要这么做。可以用杠铃代替哑铃，但是把杠铃放在肩膀上，对跑者来说手放置的位置是不自然的，他们通常觉得把双手放低抓握哑铃更舒服。

这个练习非常适用于第二阶段的训练，或力量（阈值）训练。它是功能性的，随着哑铃重量的增加，可以显著增强肌肉力量。

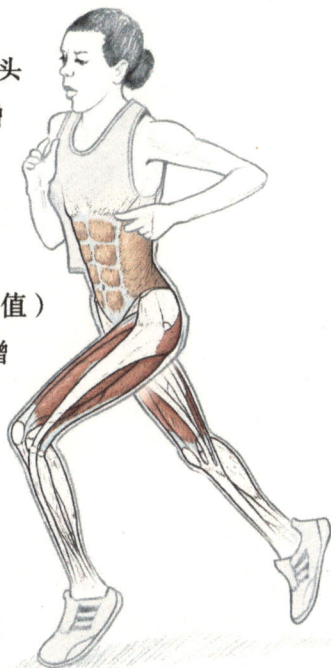

变体形式

大步箭步蹲

单脚迈出的步伐越大，越能增强大腿的臀中肌和臀大肌，而且能够拉伸后腿的髂腰肌和股直肌。

器械上斜腿推举

初始位置

技巧提示

　　运动速度不可以过快，这样会导致重量移动超过最大范围并且回弹至双腿。

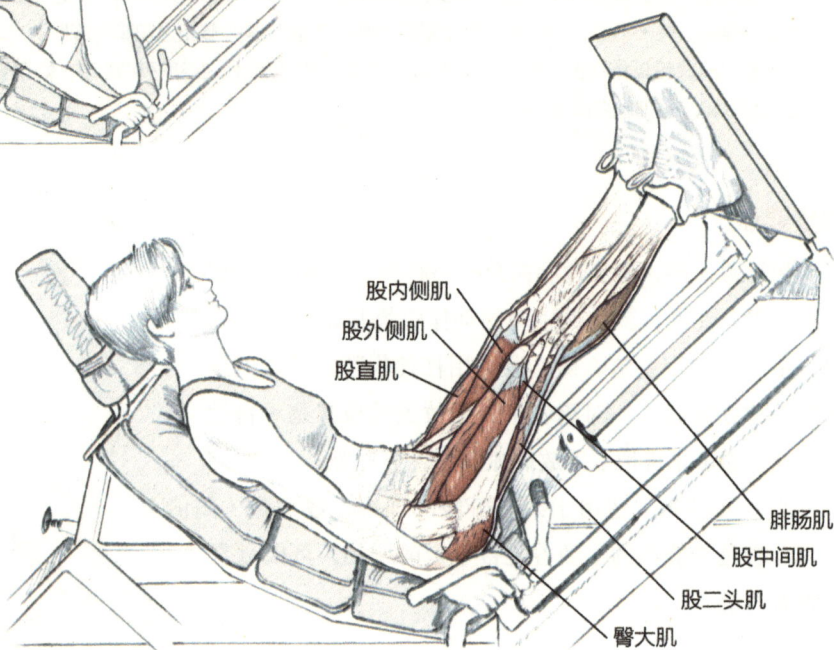

股内侧肌
股外侧肌
股直肌

腓肠肌
股中间肌
股二头肌
臀大肌

执行步骤

1. 坐在器械座位上，将双脚（双脚分开，间距不可大于肩宽）置于踏板的底部，背部与头部紧贴靠背。接着，打开器械上控制重量的保险栓。 双腿必须准备好支撑重量，然后将安全装置向外翻转，使重物处于活动状态。吸气。

2. 髋部、臀大肌和股四头肌集中用力，伸展双膝，使双腿自然流畅地完全伸展。

3. 逐渐弯曲膝关节，回到起始位置，让重量慢慢回到原来的位置。

参与的肌肉

主要肌群：股四头肌（股直肌、股外侧肌、股内侧肌、股中间肌）、臀大肌

辅助肌群：腓肠肌、股二头肌

安全提示　由于这个练习必须依赖器械才能完成，你可以选择较重的重量，但要小心在形成正确的运动模式前不要增加过重的重量。

跑步要点

这是一种安全的运动，可以快速增强股四头肌和臀大肌的力量，因为器械练习可以让跑者使用相对较重的重量。这种运动并不大力整合稳定的肌肉（腹肌和内收肌），而是隔离了股四头肌和臀大肌，从而增强了大腿两侧的肌肉，以帮助跑者避免肌肉失衡和潜在的损伤。

改变双脚在踏板上的位置，会改变受影响的肌肉群。要在更大程度上整合臀大肌，应该将脚放在踏板的顶部。

由于这种运动重点强调大肌群，因而为跑者增强了爆发力。因此，它最适用于那些为短距离项目，如5千米场地短跑或中距离项目的径赛进行训练的人。它适用于所有跑者的入门训练阶段，因为它是一种普通的力量训练，而不是功能性的专项训练。

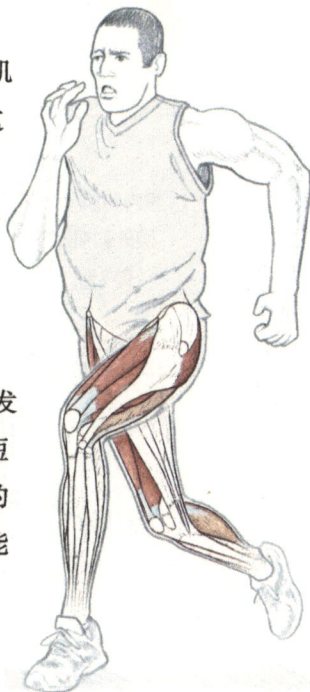

杠铃屈腿负重躬身

腘绳肌

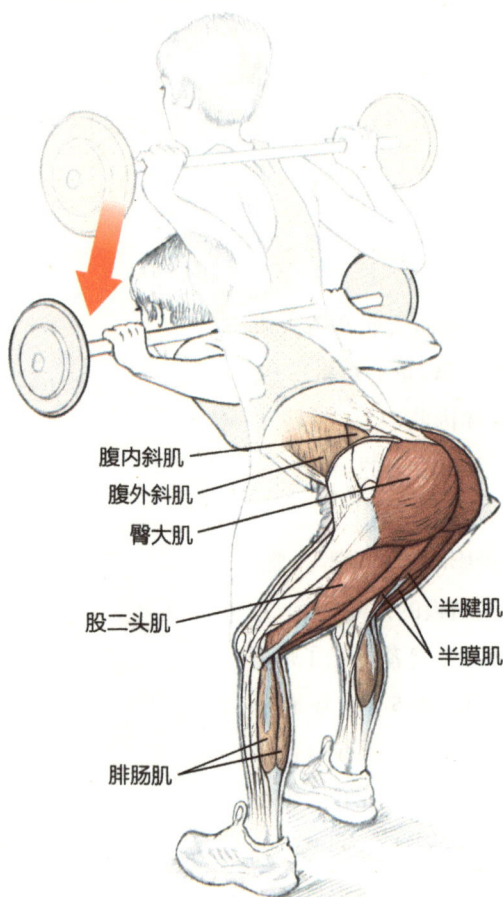

技巧提示

放慢运动速度，感受腰部和腘绳肌的伸展。

腹内斜肌
腹外斜肌
臀大肌
股二头肌
半腱肌
半膜肌
腓肠肌

执行步骤

1. 以正确的姿势站立，双脚分开与肩同宽，然后在肩部抓举一个重量较轻的杠铃。

2. 弯曲腰部来降低上半身的高度，此时，背部应该在同一平面内降低，腰椎（下腰背）保持弯曲的姿势。在运动过程中，臀部应该向外推。向下运动时吸气。

3. 上半身躯干向上抬起回到站立姿势，同时注意骨盆旋转。

参与的肌肉

主要肌群：腘绳肌（半腱肌、半膜肌、股二头肌）、臀大肌

辅助肌群：腓肠肌、腹外斜肌、腹内斜肌

跑步要点

　　许多长跑运动员抱怨在经历长时间的跑步训练后他们感到下腰背长期紧绷。事实上，脚跟着地的冲击力加上柔韧性不足，已经导致许多跑者停止训练，转练其他运动。怎样才能减轻这些问题？正确的练习会有所帮助——例如，杠铃屈腿负重躬身。像本书中介绍的大多数练习一样，这个练习动作简单而且益处很多。具体来说，除了增强腘绳肌和臀大肌外，它还能拉伸这些肌肉，从而有助于放松下腰背和骨盆的骨骼和肌肉之间的结缔组织。该练习的动力链也会影响膝关节，因为更柔软的下腰背会减少对腘绳肌的牵引力，从而使膝关节能够正常运动。

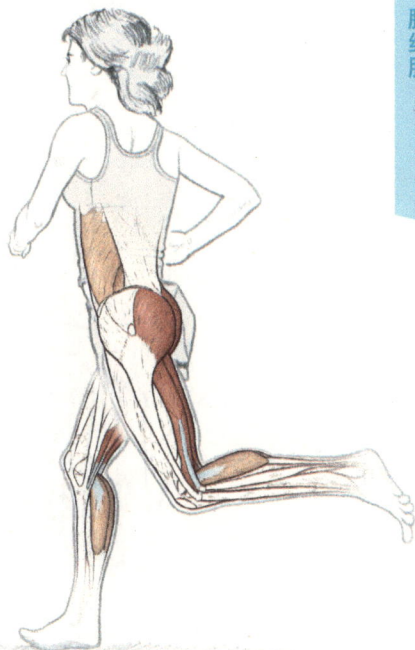

变体形式

直腿杠铃早安式

　　负重躬身运动也可以采用双腿直立的方式来完成，不过，腘绳肌长期紧绷的跑者最好还是以弯曲双腿的方式完成这个练习，因为弯曲双腿的运动方式，其重点在于锻炼腘绳肌的柔韧性。一旦腘绳肌获得了更大的柔韧性，就可以进行直腿变式练习。

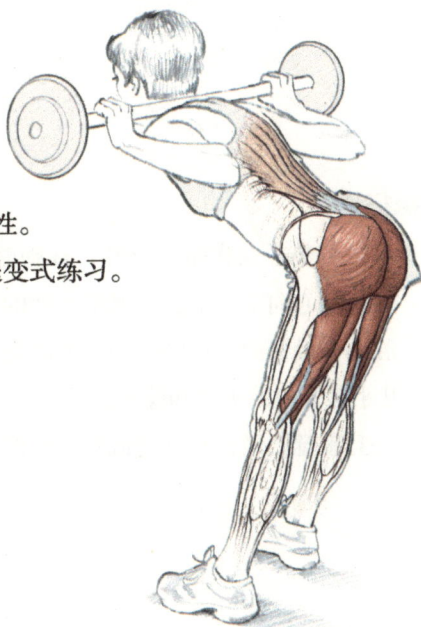

哑铃罗马尼亚硬拉

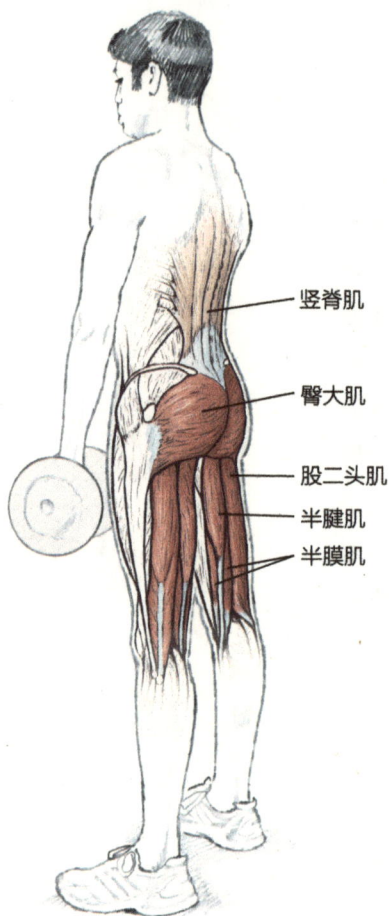

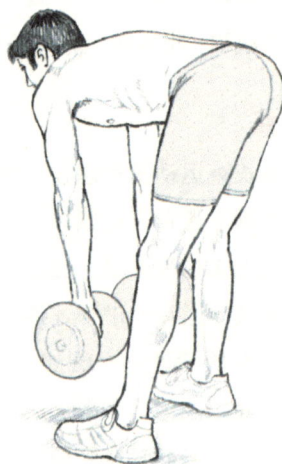

竖脊肌

臀大肌

股二头肌

半腱肌

半膜肌

结束位置

技巧提示

在运动过程中，哑铃不应碰触地面。下腰背维持微弯姿势，必须防止过度运动。

执行步骤

1. 站立姿势，双脚略微分开，双腿略微弯曲，双臂向下自然伸展，双手各抓握一个哑铃，手心向下，下腰背保持自然的弧形。

2. 腰部慢慢弯曲，在同一平面内降低背部的同时保持其自然的弯度，当身体弯曲时哑铃几乎碰到股四头肌和膝盖。

3. 一旦感觉已经将哑铃降低到了你的极限，回到直立的姿势。

参与的肌肉

主要肌群： 腘绳肌（半腱肌、半膜肌、股二头肌）、臀大肌

辅助肌群： 竖脊肌（髂肋肌、长骨肌、棘肌）

跑步要点

这一高强度练习强调的是大腿，特别是腘绳肌和臀大肌。它锻炼的肌肉与跑步时锻炼的肌肉相同，因此完全是功能性练习。如前所述，维持股四头肌和腘绳肌之间的平衡是步态周期中伸展和推进动作的关键。因为该练习有助于拉伸和增强大腿的后侧肌肉，所以完成该练习几乎可以保证不会受伤，所以可以不间断地训练。此外，该练习和其他强度相对较高的练习，是训练腘绳肌的快肌纤维，以满足快速跑步需求的最佳方式。

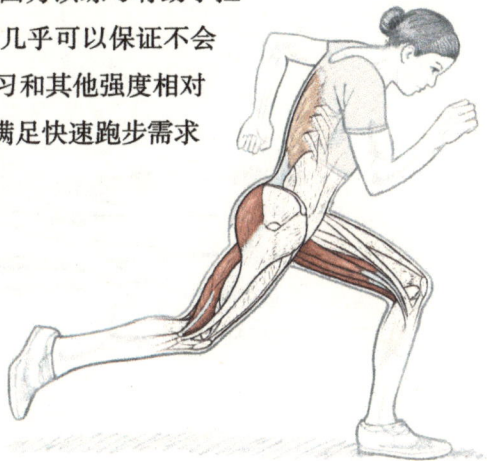

深蹲

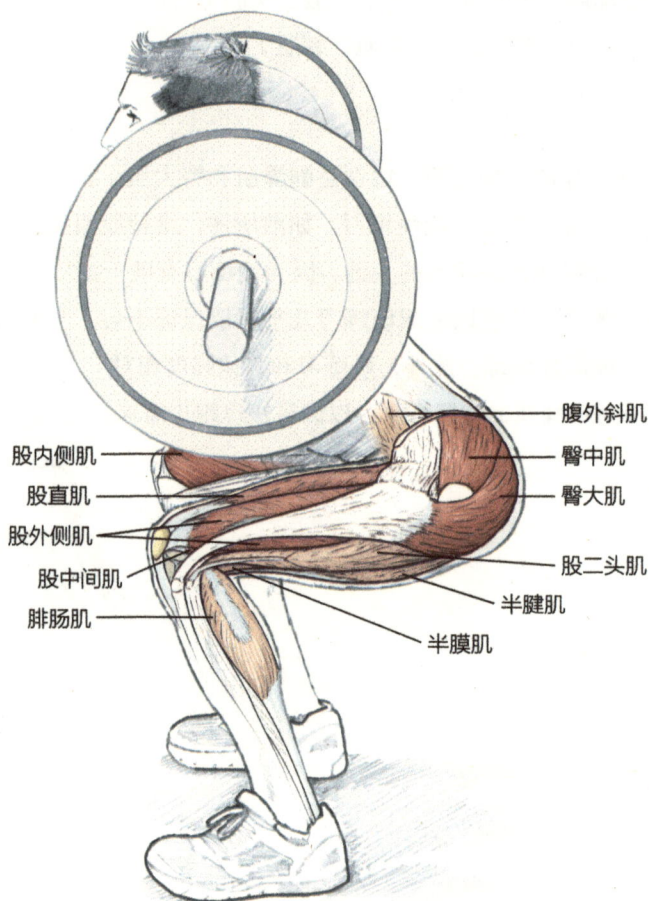

股内侧肌
股直肌
股外侧肌
股中间肌
腓肠肌

腹外斜肌
臀中肌
臀大肌
股二头肌
半腱肌
半膜肌

执行步骤

1. 使用深蹲架，先站在杠铃下方，然后将杠铃置于三角肌和斜方肌的中心位置，切勿放在颈椎上。双脚分开与肩同宽，脚尖稍微朝外。

2. 深吸气，扩胸；当身体直立、从架上举起杠铃时，下腰背保持自然的弯度。

3. 可以后退几步找到适宜的姿势，脚重新站好位置，重新调整好腰背负重弯曲的幅度。

4. 双眼直视高于头部的一点，接着髋部向前弯曲开始深蹲动作，自然地降低后背的高度。当大腿与地面平行时，双腿伸直然后一边呼气一边回到起始姿势。

参与的肌肉

主要肌群：股四头肌（股直肌、股外侧肌、股内侧肌、股中间肌）、臀大肌、臀中肌、臀小肌

辅助肌群：腘绳肌（半腱肌、半膜肌、股二头肌）、腹外斜肌、腓肠肌

跑步要点

深蹲主要是练习股四头肌，但由于它的稳定性要求，它也有助于加强核心部位、腘绳肌和小腿肌肉。可以使用重物，但不一定必须这样做。进行哑铃罗马尼亚硬拉或负重躬身时，也可以加入深蹲练习，这3种练习能让双腿前后侧的肌肉达到平衡。

就像器械上斜腿推举练习一样，深蹲由于强调大肌肉群而产生爆发力。因此，它最适合参加短程赛事的跑者，如5千米径赛冲刺以及中距离赛跑。由于这是一种一般的力量训练，而不是功能性专项训练，通常在长跑运动员的入门训练阶段强调这一练习；然而，深蹲可以在训练进程的每个阶段帮助所有的跑者。

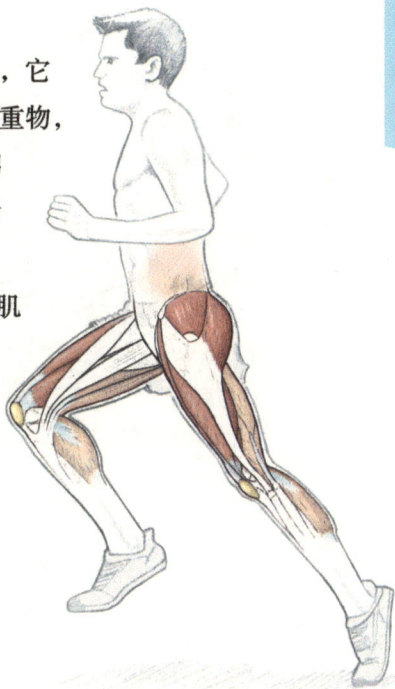

变体形式

单腿哑铃深蹲

这种变化有助于增强大腿内侧的内收肌。站在长凳前面0.6~0.9米的位置，两手各握一个哑铃。把一只脚的顶部（鞋带朝下）放在身后的长椅上。降低身体直到前腿膝关节弯曲90度，后腿膝盖几乎接触地面。用前腿的股四头肌向上推回。单腿重复12次后，再换另一条腿。哑铃的重量不需要很重；事实上，在形成正确的动作姿势前，不应该增加重量。

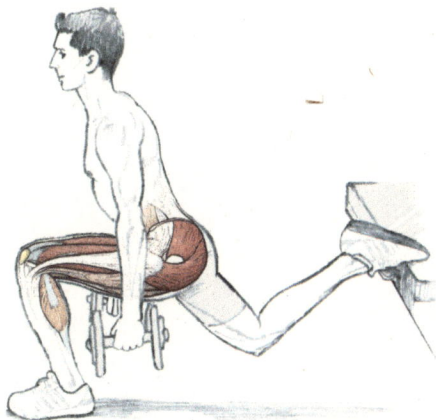

蛙跳

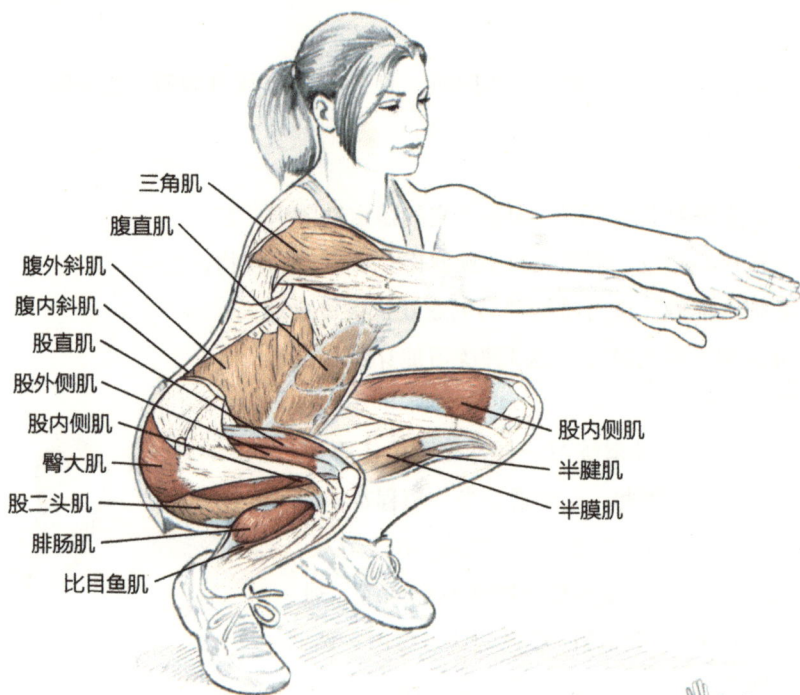

三角肌
腹直肌
腹外斜肌
腹内斜肌
股直肌
股外侧肌
股内侧肌
臀大肌
股二头肌
腓肠肌
比目鱼肌

股内侧肌
半腱肌
半膜肌

腾空姿势

执行步骤

1. 身体呈全蹲姿势，双脚微分，大腿与地面平行。下腰背轻轻拱起，头部居中，下巴略微抬高。手臂在身体前面伸展。

2. 当手臂向后摆动时深吸气，然后快速向前移动，这样就形成了一种运力，帮助双腿从完全深蹲位置爆发移动至呈60度角，同时手臂甩过头顶。当到达跳跃顶点时，准备着陆。着陆时，将身体降至运动开始时的姿势（全蹲）。

3. 这个动作会让你的身体略微前移，增强了垂直和水平面的力量。

4. 恢复正确的深蹲姿势，立即重复跳跃。

参与的肌肉

主要肌群： 股四头肌（股直肌、股外侧肌、股内侧肌、股中间肌）、臀大肌、腓肠肌、比目鱼肌

辅助肌群： 腘绳肌（半腱肌、半膜肌、股二头肌）、三角肌、腹直肌、腹外斜肌、腹内斜肌

跑步要点

蛙跳是一种推进力练习，要求运动员股四头肌、腘绳肌和臀大肌在开始位置爆发。对短跑运动员而言，它非常实用，而且和所有的增强式练习一样，它也可以通过增强受影响的肌肉，帮助长跑运动员提升跑步效率，从而减少能量消耗。

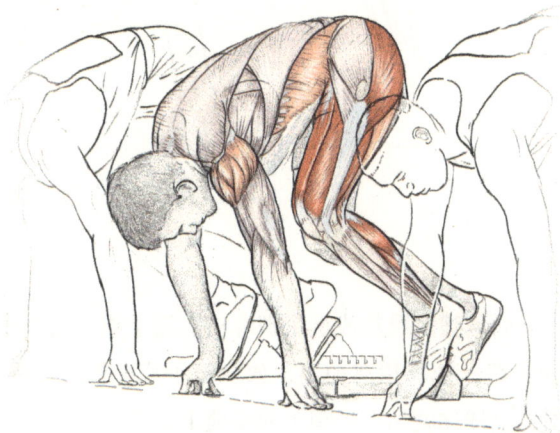

踩箱上踏

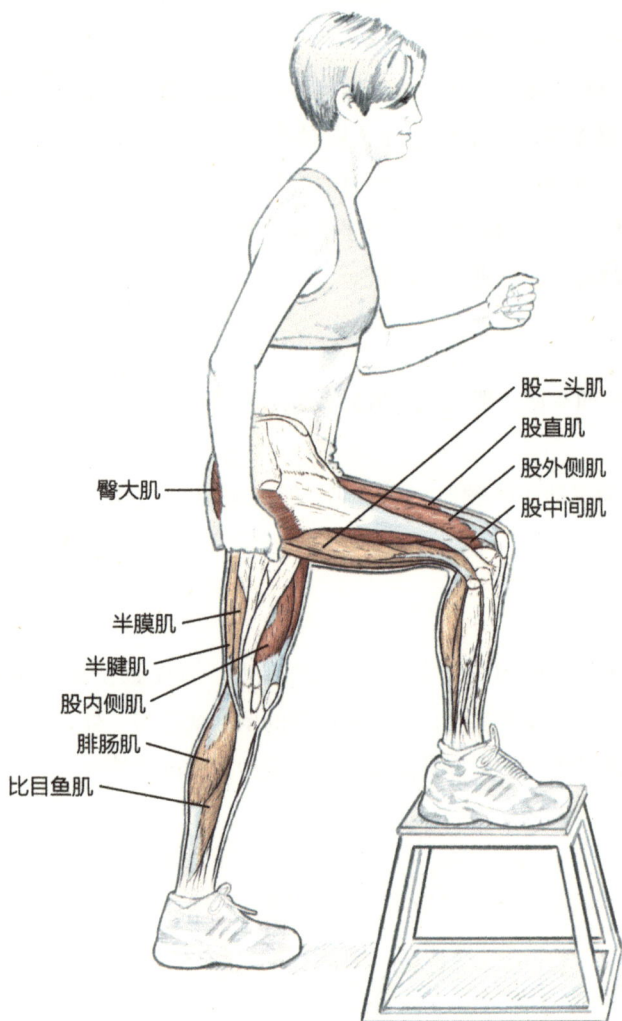

股二头肌

股直肌

股外侧肌

股中间肌

臀大肌

半膜肌

半腱肌

股内侧肌

腓肠肌

比目鱼肌

执行步骤

1. 正确的站立姿势，面向增强式跳箱或重量训练椅。箱子或座椅高度不应超过膝盖。

2. 运用一条腿的股四头肌，把脚抬离地面，放在箱子或座椅上，膝关节弯曲90度。另一条腿的动作相同，这样你就站在了箱子或座椅上。

3. 立即由原动作返回，按照相反的模式向下迈步。按照这样的模式完成一组踏步之后，换另一只脚作为前导脚进行下一组练习。

参与的肌肉

主要肌群：股四头肌（股直肌、股外侧肌、股内侧肌、股中间肌）、臀大肌

辅助肌群：腘绳肌（半腱肌、半膜肌、股二头肌）、腓肠肌、比目鱼肌

跑步要点

这项练习模拟了第1章中介绍的A动作，但是作用较小，而且可以持续更长时间。它可以用分钟代替次数来计数。例如，1个示范练习可以由2个1分钟的慢速阶梯练习、2个1分钟的快速阶梯练习、2个1分钟的慢速阶梯练习组成。还可以通过改变阶梯练习的速度、阶梯高度或间隔时间来作为变式练习。虽然这种练习看似温和，但5分钟的阶梯练习时间足够让臀大肌和股四头肌充分燃烧。

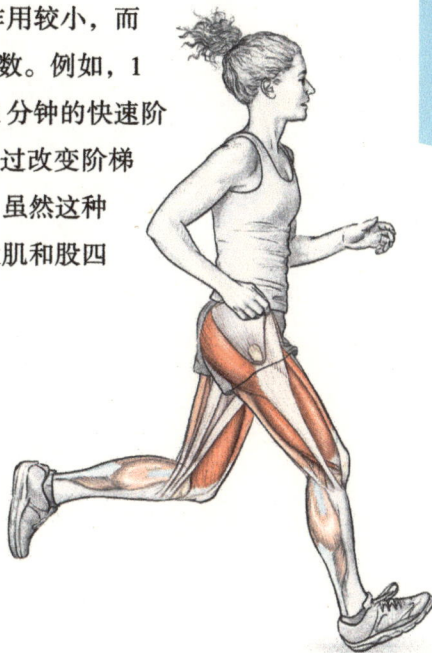

股四头肌

第6章

核心部位

　　为愉悦而跑步在决定人类骨盆是如何进化的过程中并未起到很大作用。构成骨盆的骨骼主要是为发育中的胎儿提供保护结构；当然，这种需求并没有与男人共享，因此男人的骨盆比较窄。然而，无论男性还是女性，骨盆都是腿与身体其他部位相结合的平台，它们也从这个平台进化来适应人体的运动。

　　骨盆由6块主要骨骼组成：髂骨、坐骨和耻骨各两块（图6.1a）。这些骨骼紧密相连，没有明显的间隙。然而，当每个髂骨都与脊柱的最低部位——骶骨——大骶髂关节的后方相接时，有可能产生相当大的活动。这种活动的潜能在分娩时最为明显，当荷尔蒙的影响导致韧带和关节的结合放松到一定程度，关节可能变得半脱位，或部分脱位。因此，任何在分娩后过早试图开始跑步的女性，可能会经历相当大的不稳定性，以及慢性疼痛和骨盆不稳定等。位于骶骨上方的是5根腰椎，在稳定整个骨骼结构中起着重要作用。

　　除了这两个骶髂关节，每个耻骨都由耻骨关节连接在腹部的最低点。这种相对坚实的纤维连接形成腿和躯干之间的枢轴。因此，它构成了最大的力量点——以及相应的脆弱点——容易在滑倒、跌落时，或在长期的过度训练中受伤。

　　在每个髂骨的一侧都有一个形成髋关节的凹陷，髋关节是一个球窝关节。髋关节的形状已经进化到可以最大限度地保持稳定性和最大的运动范围（肩关节与之相似，但较浅，在负重下更容易脱臼）。髋关节球是由股骨的头部形成的，而髋臼周围的骨骼形成了关节窝。在周围肌肉和肌腱密度和弹性的影响下，关节窝限制了关节的运动。

　　如果从上往下看骨盆像是椭圆形的时钟，那么骶髂关节就在接近11点和1点的位置，髋部在4点和8点的位置，以及联合处位于6点的位置。如果其中一个关节移动，那么另一个必须改变位置进行补偿。这种关联在跑步时很重要，因为骨盆左右摆动，在步态周期中会发生扭转，这会影响骨盆内部和周围的结构。

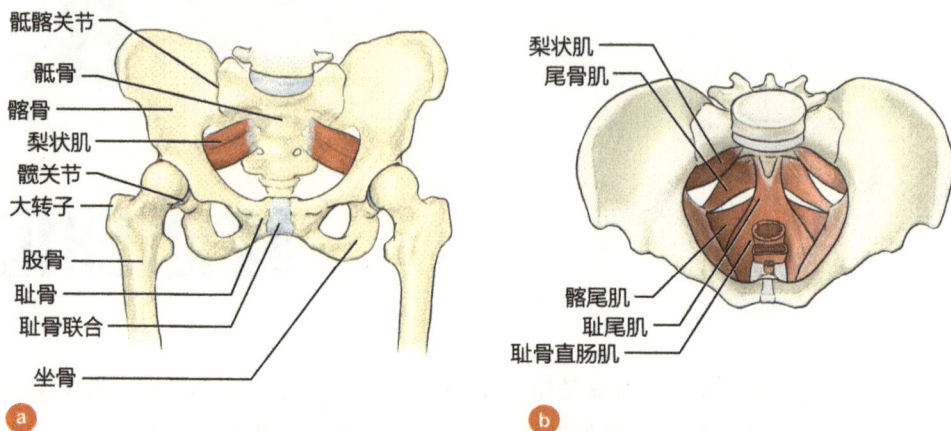

左侧标注（a）：
骶髂关节
骶骨
髂骨
梨状肌
髋关节
大转子
股骨
耻骨
耻骨联合
坐骨

右侧标注（b）：
梨状肌
尾骨肌
髂尾肌
耻尾肌
耻骨直肠肌

图6.1　骨盆的骨骼和肌肉：a.骨骼结构；b.骨盆底部的肌肉群

　　骨盆底部是由提肛肌（图6.1b）构成的，对于那些懂拉丁语的人来说，只需要提起肛门并将其他内部器官放在骨盆里，这样它们就不会从骨盆出口处滑出来。提肛肌需要训练和调理，就像其他肌肉一样，肌肉虚弱会使人有不同程度的失禁。因为跑步增加了腹部的压力，任何提肛肌的虚弱都可能让身体出现意外的症状。

　　盆腔的其他肌肉履行双重功能，分别是稳定，以及将腿部从位于髋关节的枢轴基础处移开。稳定会在一些大韧带的辅助下完成，这些韧带的伸展性相对较小，但允许良好的活动度。髂腰肌在身体两侧从腰椎到髂骨内部伸展，然后穿过骨盆，形成内部器官的软壁。它们延伸到每个髋关节下面的股骨内侧。在腰椎上方，它们被在外部稳定脊柱的竖脊肌中和。髂腰肌是髋部的强力屈肌，并将大腿拉向腹部。

　　臀部的大部分由臀大肌构成，臀大肌分为3层，以45度角从髂骨后方的外侧向下倾斜。最外层的肌肉称为臀大肌，负责收缩，可以让髋关节向外伸展和旋转；臀大肌会沿着大腿外侧继续向下延伸，作为阔筋膜张肌的一部分（见第5章）。在臀大肌的下方，臀中肌和臀小肌在大转子处嵌入股骨的上部。它们将大腿向外拉，在这项运动中，髋关节就是一个支点。

　　位于臀中肌旁边的是梨状肌，它负责髋关节稳定和内收。腰痛的跑者很可能患有梨状肌综合征，这可能是由于肌肉非常靠近坐骨神经和受其刺激所引起的。

由于髋关节非常灵活，所以由骨盆周围和上方肌肉产生的力量必须被来自其他肌肉群的力量所中和。这些肌肉主要是臀肌，主要功能在于将臀部向后拉、外展，并向外旋转。大腿肌肉与其相反，它们经常完成不止一项功能。腘绳肌（半腱肌、半膜肌、股二头肌）源于较低的耻骨（图6.2），沿着大腿和膝关节后方向下延伸，成为屈肌（第5章有关于下肢的详细讨论）。这些肌肉在大腿部位负责髋部向后伸展的动作。3个内收肌（大收肌、长肌和短肌）以及股薄肌拉动大腿并拢。它们从耻骨内部开始，沿着股骨的内缘插入。和髂腰肌一样，股直肌和其他股四头肌都延伸到髋关节。当它们收缩时，会对股骨产生弯曲作用。

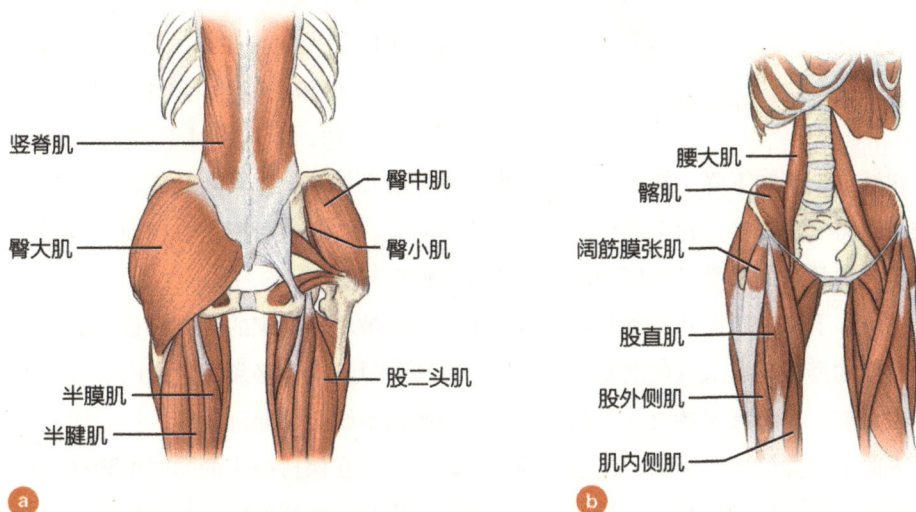

竖脊肌
臀大肌
半膜肌
半腱肌
臀中肌
臀小肌
股二头肌

腰大肌
髂肌
阔筋膜张肌
股直肌
股外侧肌
肌内侧肌

ⓐ ⓑ

图6.2 下肢核心部位的大腿肌肉构成：a.背面；b.前面

肌肉可能是不同的实体，但它们经常合并在一起，在解剖时很难分离。由于跑步动作是重复性的，即使只是功能稍有不同的肌肉也会相互对抗，产生负摩擦力。这种情况下可能会形成一个小的充满液体的囊。大转子上有一个最大的囊，称为转子囊。它可能会发炎并造成疼痛感，尤其是改变训练质量或数量的情况下。

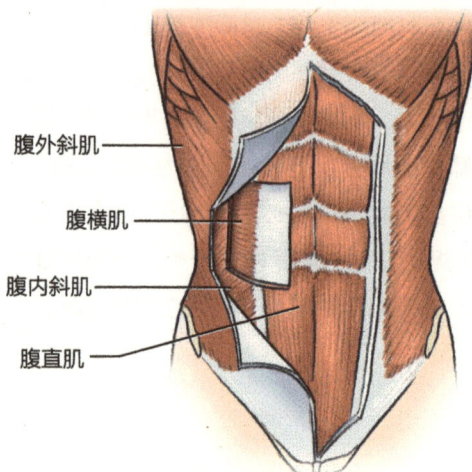

腹外斜肌————

腹横肌————

腹内斜肌————

腹直肌————

图6.3　腹直肌和周围的肌肉

回到骨盆及其邻近的器官——腹部，它没有骨骼结构来保持稳定。腰椎保持垂直高度，但稳定的责任由腹部内的器官所承担，这对周围的圆形肌肉壁施加了反向压力。这道肌肉壁是由腹直肌形成的，它从肋骨底部中央延伸到耻骨联合和耻骨（图6.3）。

在这道肌肉壁的外面斜卧的是腹外斜肌、腹内斜肌，以及腹横肌。它们有3个功能：外展并旋转躯干，使腰椎和下胸椎向前弯曲，以及包含腹部。跑步时，这些肌肉交替地变长和变短，因为骨盆不仅从一边移动到另一边，而且相对于周围的身体部位，还会扭转、上升和下降。它们也通过与横隔膜和肋骨一起工作来辅助高频率的呼吸；如果跑者变得气喘吁吁，这个部位的作用就非常明显。它们也可能需要在同一时间内扮演所有这些角色，如果受过良好的训练就会表现得更好。

相反，下腰背肌肉和腰椎在跑步过程中更具有被动、稳定的功能。首先，它们必须保持直立的姿势，以适应坡度变化的需要，有坡度时上半身必须向后或向前倾斜，以抵消重力势能，让跑者保持直立。此外，环绕的肌肉组织必须允许旋转，让身体在任何斜坡的表面上根据坡度而倾斜，或进行横向运动；为了在保持稳定的同时做到这一点，它们会根据需要收缩和扩张。当然，这些复杂的动作与所有其他的姿势变化共存，这些变化发生在跑步时腿部移动、肺部呼吸，以及腹部内的器官为适应所吸收的液体和营养物质而移动时。内在的力量，特别是围绕腰椎的肌肉，对于每个跑者而言都是必不可少的，因为任何弱点都可能影响到其他区域。

骨盆倾斜

就像服装时尚一样，跑步造成的伤害似乎也会随着时间而改变。目前，由于臀大肌失活和骨盆后侧或前侧旋转而引起的损伤，经常在跑步论坛和有关跑步的临床伤痛会议上进行讨论。更普遍的是，以前人们认为跑步所带来的多数伤痛只是由于不正确的足部生物力学机制造成的，而现在讨论的话题则多与臀肌、骨盆和臀部相关。

据许多跑步专家所说，大多数问题都是由臀肌（尤其是臀大肌和臀中肌）无力引起的。一旦臀肌功能受损，其他肌肉——股四头肌和髂腰肌，也就是髋屈肌——就会被用来稳定骨盆区域。髂腰肌可以看作是造成骨盆前倾的主要原因，因为在跑步时过度使用造成髂腰肌功能性缩短（变紧），特别是由于髋关节重复屈曲。骨盆后倾是由髂腰肌无力引起的，这需要像阔筋膜张肌和股直肌这样的次级运动肌来完成这项工作。

不正确的骨盆倾斜可能导致看似与骨盆无关的损伤。例如，一种理论认为骨盆功能障碍会导致髌骨综合征。在这个理论中，腘绳肌被过度拉伸和延长，这给膝关节囊和前韧带增加了额外负担，从而导致离骨盆18英寸（45厘米）远的关节疼痛。

更常见的抱怨包括因髋关节复合体（腰椎、骨盆和髋关节的肌肉骨骼组成部分）不稳定而导致的核心部位疼痛或不适。从本质上看，在这种情况下，髋关节不能发挥原本的功能，因为动力链上的肌肉无力或妥协，这就迫使跑步时肌肉进行次要的代偿性运动。例如，股后肌群在跑步的生物力学机制中发挥一定的作用；它们主要用于膝关节屈曲，其次用于髋关节伸展。然而，当臀中肌或臀大肌被"关闭"，运动员仍想跑步时，腘绳肌必须充分发挥辅助功能，但它们并非是最合适的主要运动肌。如果不正常的运动模式被延长，它便会由于过度使用而受伤。

骨盆异常倾斜可以通过加强后链肌肉——具体来说就是臀大肌和腘绳肌——得到简单而合理的解决。本章的例子包括桥式踢腿和滑动屈腿。然而，尽管后链练习有助于保持良好的跑步姿势来加强跑步表现，但过度强调后链训练也会出现问题，就像任何不平衡的练习一样。例如髋屈肌紧张和盆底功能障碍，通常与生育有关，但也可能发生在没有生育的女性跑者身上。仅仅拥有强壮的肌肉并不意味着它们具有功能性。为了获得正确的跑步形式，应该强调大前运动肌（腹部）和后运动肌（臀大肌）之间的平衡。

普拉提

普拉提是一种养生练习法，旨在改善体力、柔韧性和体态及练习者的精神意识。它强调了6个关键理念：专注、核心、控制、呼吸、精确和节奏。这些练习可以在瑜伽垫上进行，也可以在由创始人约瑟夫·普拉提（Joseph Pilates）设计的改良器械上进行。

适合跑者的普拉提

与年长的跑者相比，年轻的跑者身体更强壮，柔韧性、跑步姿势和流畅性都更恰当。然而，年长的跑者比年轻的跑者有更好的专注技巧、呼吸模式和精准度。因此，普拉提似乎对所有跑者都有潜在的益处——但究竟是如何起作用的？让我们根据普拉提的6个关键概念来考虑这个问题。

普拉提要求练习者用专注力来关注细微的动作。在比赛或跑步训练中，这种专注是无价的，因为它能让跑者保持当下的状态。

普拉提也注重加强核心部位，或由能量房产生所有的运动，能量房是位于肋骨下部和耻骨之间的区域。普拉提系列运动每一项练习都可以作用于目标肌肉：盆底肌肉（提肛肌和尾骨肌）、中央核心肌肉（腹斜肌、腹直肌、腰方肌和腹横肌）和臀大肌。这些肌肉是在跑步过程中稳定核心部位不可或缺的部分。

普拉提中的"控制"与"专注"和"核心"相吻合。通过专注于身体核心部位某处具体细微的动作，所有的跑者都可以学习在动态跑步运动中控制自己的身体。最终的目标是保持身体核心部位呈圆柱形，并从双脚处微微前倾。

普拉提练习中建立的呼吸模式也对跑者大有裨益。通过强调充分吸气和扩胸，跑步和普拉提都注重于将新鲜的氧气有效地吸入肺部，以及通过呼气排出二氧化碳。

普拉提运动的精确性来自于3个c的融合：专注（concentration）、核心（centering）和控制（control）。同样的道理适用于跑步中的每一步。当跑者在步态周期中移动时，每一个动作都应该是精确的，而非机械的。这种方法让跑者达到一种节奏，这是普拉提开发的最后一个元素。

经典普拉提和当代普拉提

经典普拉提遵循了约瑟夫·普拉提设计的特定指示和顺序，他的学生和信徒们已经将经典方法传给了现在的老师。经典普拉提存在于瑜伽垫类和改良类瑜伽中。

当代普拉提与经典普拉提的不同之处在于，当代普拉提融合了物理疗法和生物力学研究的最新理念。这些动作仍然基于约瑟夫·普拉提的经典教义，但已经得到了更新，反映了当前或当代对身体的理解和现代世界所带来的压力。当代普拉提也能促进骨盆中立——轻微、自然地拱起腰部，而经典普拉提则指导能量房后倾。

这两派都对大多数学生有所裨益，包括跑者。请注意，"当代普拉提"这个词可以用来指代任何类似普拉提的运动，这可能与创始人的意图相悖，也可能不相符。对于这两派来说，问题的关键在于，运动是否有助于实现目标。

具体的训练指南

就只需要体重练习的核心练习而言，可以多次重复进行。所有的体重练习都应该缓慢而谨慎地进行。如果没有额外的阻力，关注点不应放在移动重量上，而应放在让动作完美上。

重复多次的反复运动为跑者提供了一种很好的提升肌肉耐力的方法，这对长跑运动员有利；然而，爆发力所需的力量只能来自于使用更大的阻力。因此，选择使用什么重量和重复次数，则取决于训练的目标，更广义上讲，取决于跑者的绩效目标。

训练计划中的每一个阶段，都必须针对人体的核心部位进行训练。许多核心训练只需要运用自身的体重，因此建议每周大概进行3~4次。

背部伸展俯卧撑

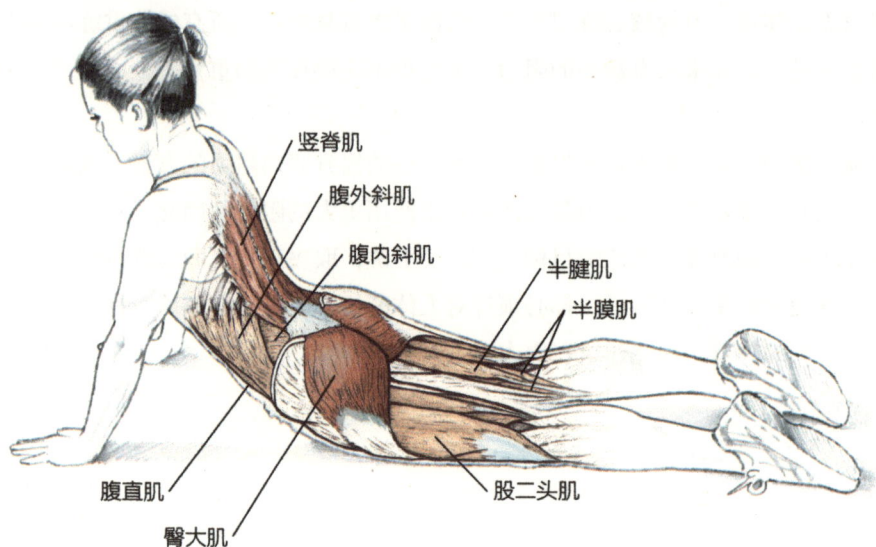

竖脊肌
腹外斜肌
腹内斜肌
半腱肌
半膜肌
腹直肌
臀大肌
股二头肌

执行步骤

1. 俯卧在地上，双臂呈俯卧撑姿势，双腿向外侧伸展，身体紧绷保持一条直线的姿势。

2. 向上撑起手臂，直到上半身完全离开地面，并维持这个姿势10~15秒。在运动过程中保持呼吸的顺畅。

3. 弯曲手肘降低高度，让身体回到起始姿势。

参与的肌肉

主要肌群：竖脊肌（髂肋肌、长肌、棘肌）、臀大肌

辅助肌群：腘绳肌（半腱肌、半膜肌、股二头肌）、腹直肌、腹外斜肌、腹内斜肌

跑步要点

这是一个非常简单的练习，不应该与俯卧撑相混淆。它有助于加强竖脊肌的肌肉和肌腱，也就是腹直肌的拮抗肌。该训练还可以加强和拉伸骶骨和腰椎的支撑结构。通过这种方式，它可以帮助骨盆正确地旋转和扭转，减缓骨盆前倾，而前倾可能是由于完成了过多的腹部强化练习，而且可能导致腹部和下腰背肌肉之间的不平衡。

强调核心训练有时会转化为强调腹肌训练，几乎疏忽臀大肌和下腰背肌肉。如果没有强壮的臀大肌和起支撑作用的下腰背肌肉，腘绳肌可能无法产生足够的肌肉爆发力，尽管它们已经得到了适当的加强。那么，从本质上说，最强壮的肌肉也只能是动力链最薄弱一环所允许的程度。

骨盆的适当运动对步态周期至关重要。骨盆错位可能是由于腹部肌肉和下腰背肌肉之间的不平衡造成的，尽管心肺系统健康完善，也可能会造成损伤，并影响跑步表现。

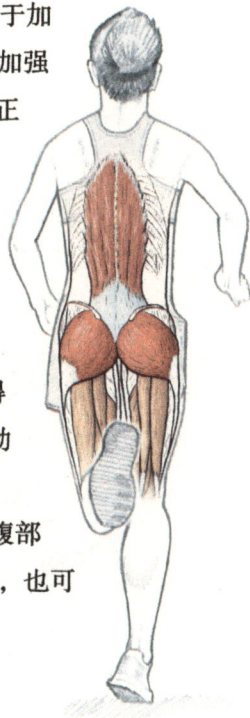

桥式踢腿

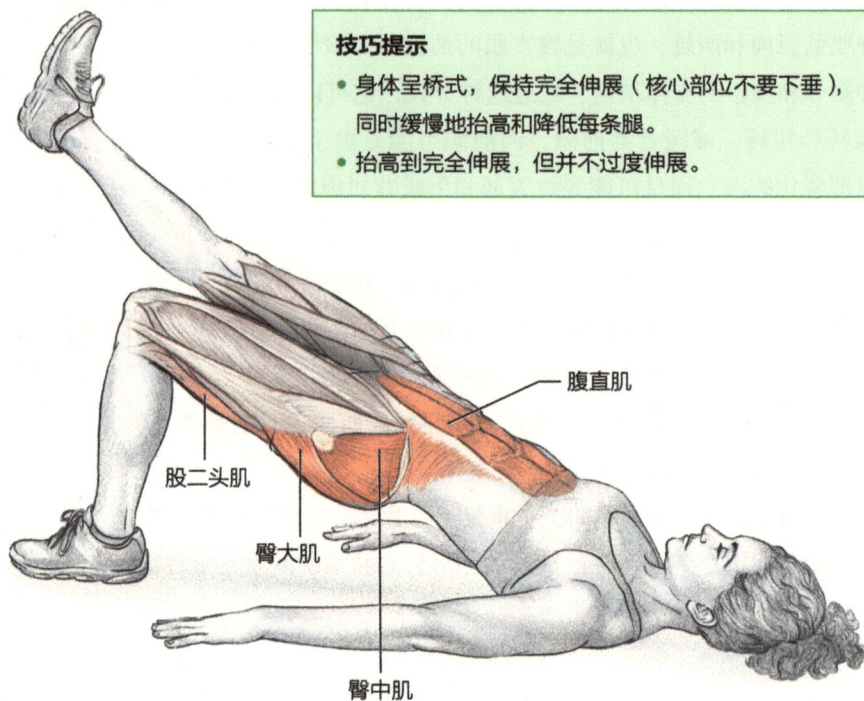

技巧提示
- 身体呈桥式，保持完全伸展（核心部位不要下垂），同时缓慢地抬高和降低每条腿。
- 抬高到完全伸展，但并不过度伸展。

腹直肌

股二头肌

臀大肌

臀中肌

执行步骤

1. 仰卧（背部着地），双膝弯曲。

2. 臀部尽可能地抬高，同时挤压臀部，肩胛骨始终接触地板。

3. 一旦身体呈桥式，伸直小腿并保持5秒。

4. 放下这条腿，换另一条腿踢腿并保持姿势。

参与的肌肉

主要肌群：臀大肌、臀中肌、臀小肌、腹直肌、腹横肌

辅助肌群：腘绳肌（半腱肌、半膜肌、股二头肌）

跑步要点

正如在这些练习的介绍中所提到的，若跑者臀肌不够有力——或者臀肌发力有问题——则需要其他肌肉来协助承担臀肌的责任。在理想情况下，即使对于长跑运动员而言，臀大肌（而不是股四头肌）应该充当下身力量的能量房。然而，由于练习时仅使用自身体重，不借助其他器械，它主要训练肌肉发力。换言之，增强力量是次要的；因此，可以给桥式练习加入注重发展力量的深蹲练习（第5章）。

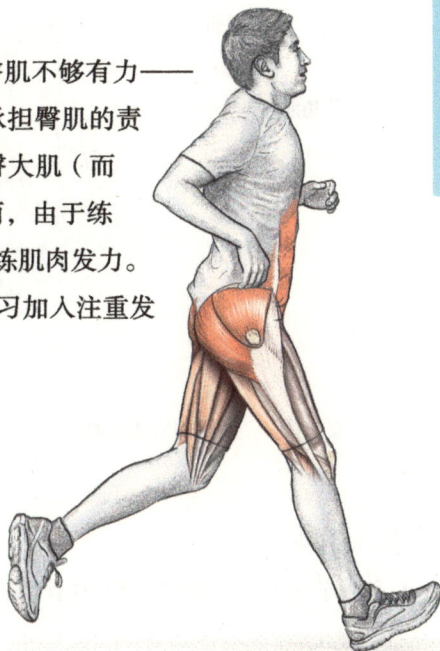

变体形式

负重桥式踢腿

假设身体呈桥式，双腿弯曲，在两条大腿前部（前髋部）各放一个哑铃。以正常的方式进行练习，借助哑铃增加阻力。

滑动屈腿

阔筋膜张肌
缝匠肌
半膜肌
半腱肌
腓肠肌
比目鱼肌
臀中肌
臀大肌
竖脊肌
（髂肋肌、长肌、棘肌）

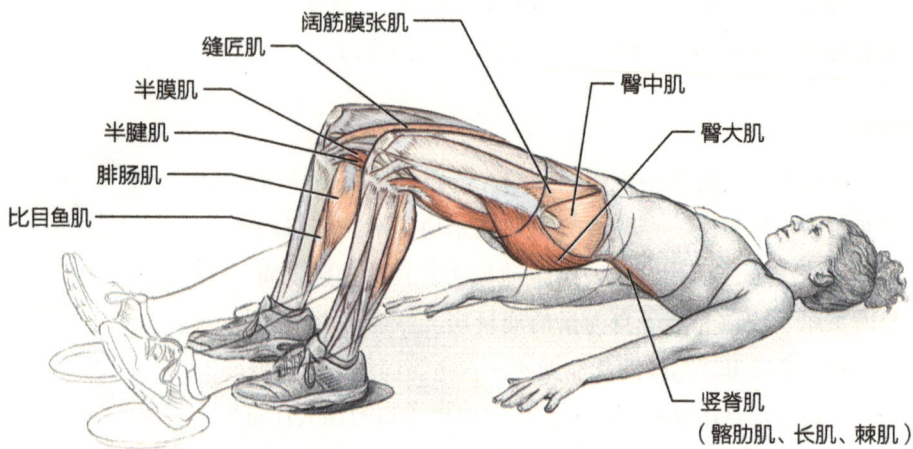

安全提示 肩膀和头部贴地。

执行步骤

1. 仰卧在光滑的地板上，膝关节弯曲。双脚分开，略微小于肩宽，每只脚放在一个塑料滑盘上。
2. 身体尽可能高地呈桥式，从颈部到膝部形成一个单一平面。
3. 通过用脚滑动地板上的滑盘，充分伸展双腿，身体降低到仰卧位置。
4. 完全伸展后，立即用脚拉回滑盘，同时向后抬高臀部回到起始的桥式姿势。

参与的肌肉

主要肌群：腘绳肌（半腱肌、半膜肌、股二头肌）、臀大肌、竖脊肌（髂肋肌、长肌、棘肌）

辅助肌群：长收肌、大收肌、臀中肌、臀小肌、阔筋膜张肌、缝匠肌、梨状肌、比目鱼肌、腓肠肌

跑步要点

滑动屈腿练习是一种后链运动，强调膝关节和髋关节的屈曲（相反，腘绳肌卷曲只作用于膝关节屈曲）。这种练习比其他功能较少的腘绳肌练习更可取，因为它也需要核心稳定。最终达到的姿势是完全伸展，与跑步时的身体姿势相似。

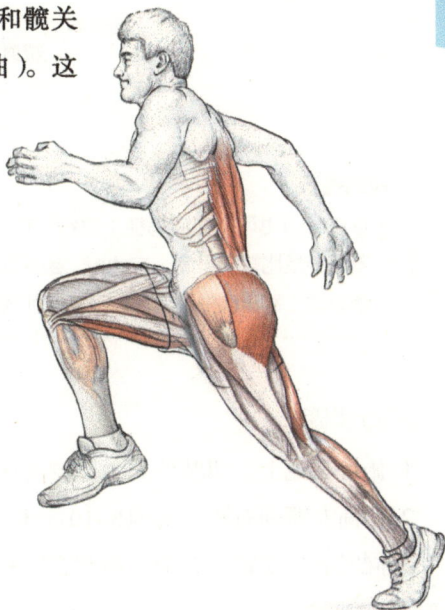

腰椎过度伸展，双臂双腿交替抬高

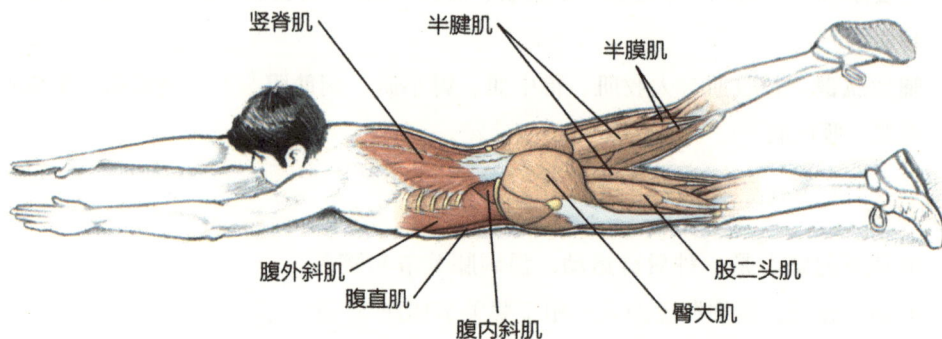

竖脊肌　半腱肌　半膜肌

腹外斜肌　股二头肌
腹直肌　臀大肌
腹内斜肌

技巧提示

- 这种练习也可以在罗马椅上进行，在这种情况下，重力在增加阻力方面起着更大的作用。当然，罗马椅是比较少见的，在地板上练习同样有效。
- 所有动作都应该由臀大肌和下腰背肌肉发力完成。

执行步骤

1. 俯卧在地上，四肢伸展；保持身体紧绷呈一条直线。

2. 抬高左臂和右腿，离地8~10厘米；保持这个姿势10~15秒，保持呼吸顺畅。

3. 同时放下左臂和右腿，抬起右臂和左腿。

参与的肌肉

主要肌群：竖脊肌（髂肋肌、长肌、棘肌）、臀大肌

辅助肌群：腘绳肌（半腱肌、半膜肌、股二头肌）、腹直肌、腹外斜肌、腹内斜肌

跑步要点

腰椎过度伸展可以以多种方式进行，但目标都是相同的：加强和伸展下腰背肌肉和臀大肌，也要在一定程度上伸展腹部肌肉，以在跑步步态周期中有助于骨盆适当地倾斜。骨盆歪斜会引起一系列错位反应，导致跑步姿势不正确，并浪费能量。为了避免这些缺陷，背部肌肉、腹部肌肉和臀大肌不仅要协调工作，还要保持彼此平衡，以产生足够的力量来完成练习。这种动态非常类似于跑步时的核心运动方式。由于骨盆旋转和扭转，核心部位必须对地形变化、转弯和失误做出反应，以维持动态稳定。

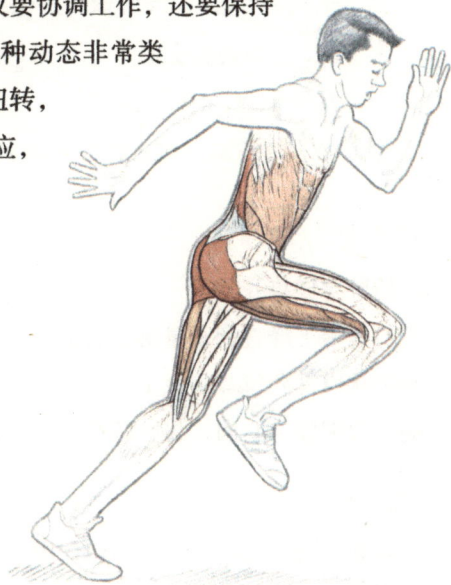

平板支撑

技巧提示

不要驼背、臀部下垂、下巴高抬或下垂。

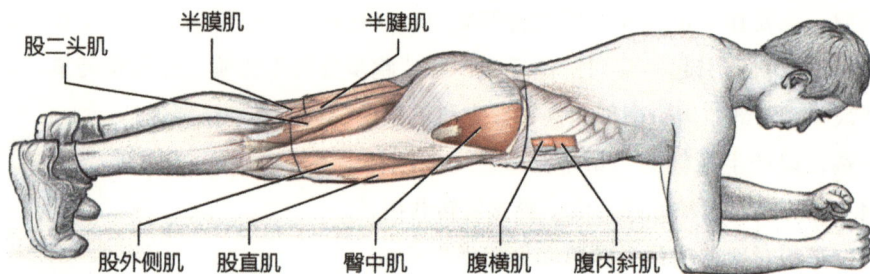

股二头肌　半膜肌　半腱肌

股外侧肌　股直肌　臀中肌　腹横肌　腹内斜肌

执行步骤

1. 以俯卧撑姿势开始。
2. 上身慢慢下降直到重量落在肘部和前臂上，而不是手上。
3. 身体从肩部到脚踝应该呈单一平面。
4. 通过收缩腹部肌肉，将肚脐拉向脊柱，训练核心肌肉。

参与的肌肉

主要肌群：腹横肌、臀中肌、臀小肌、腹内斜肌

辅助肌群：股四头肌（股直肌、股外侧肌、股内侧肌、股中间肌）、腘绳肌（半腱肌、半膜肌、股二头肌）

跑步要点

　　平板支撑是一种等长练习，意味着它不涉及肌肉长度或关节角度的改变。相反，仅通过肌肉收缩便能获得力量；具体而言，从肩部到脚踝，核心肌肉呈单一平面。对于跑者来说，核心力量被不断夸大，没必要过分强调其重要性。平板支撑的最终目标是在疲劳的情况下让身体处于适当位置：从脚踝处略微前倾，而不是在腰部，躯干呈圆柱体状。

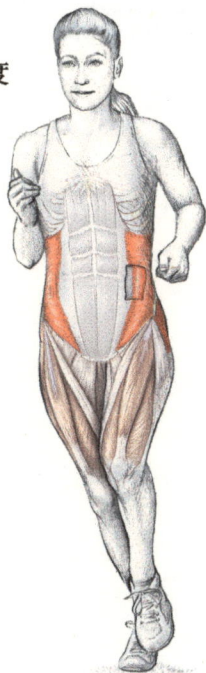

变体形式

单腿平板支撑

　　单腿平板支撑动作从传统平板支撑开始。摆好平板支撑的姿势后，慢慢抬高一条腿至与臀大肌、背部、头部处于单一平面，保持15~30秒。将抬起的腿放下，然后用另一条腿重复。这种变式练习会给支撑腿的脚趾带来很大压力。为了找到最佳平面，借助核心来调整身体位置。

器械髋部外展

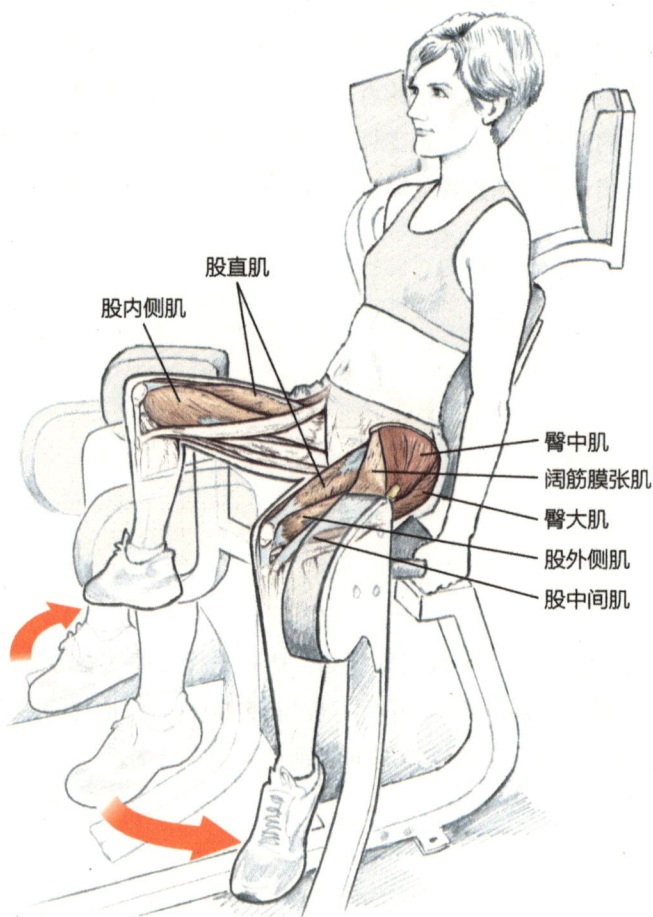

股直肌

股内侧肌

臀中肌

阔筋膜张肌

臀大肌

股外侧肌

股中间肌

技巧提示

- 在运动过程中应当确保动作的流畅性，并且力度一致地完成动作。
- 靠背越是直立，臀中肌就越被强调。
- 避免试图过度伸展，不要迫使双腿在两侧抬高时高于髋部允许的自然范围。注意只用臀部的重点肌肉用力使双腿外展。

执行步骤

1. 保持适当的坐姿，让器械靠垫在膝盖外侧。

2. 运用外展肌（大腿的外侧）用力地朝外推；强调训练时用最大范围的运动。

3. 抵抗阻力慢慢回到起始姿势。

参与的肌肉

　　主要肌群：臀中肌、臀大肌

　　辅助肌群：阔筋膜张肌、股四头肌（股直肌、股外侧肌、股内侧肌、股中间肌）

训练要点

　　外展肌练习可以与内收肌练习同时进行。更改器械靠垫的位置很简单，但它强调臀大肌，使其更适合与锻炼臀大肌和下腰背肌肉的练习相结合。许多跑者，尤其是那些内旋不足的人，会在他们跑步生涯的某个时间抱怨梨状肌疼痛。由于梨状肌的位置使它很难伸展，但通过伸展和加强与其相连的臀中肌的外展肌，确实有助于预防和治疗梨状肌疼痛及坐骨神经痛。

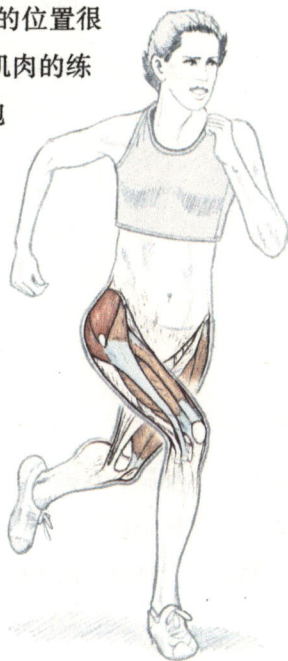

地板仰卧起坐

技巧提示

　　进行仰卧起坐的时候可以请同伴压住双脚，这样可以使练习更加容易，而且可以让训练者有能力做更多次。

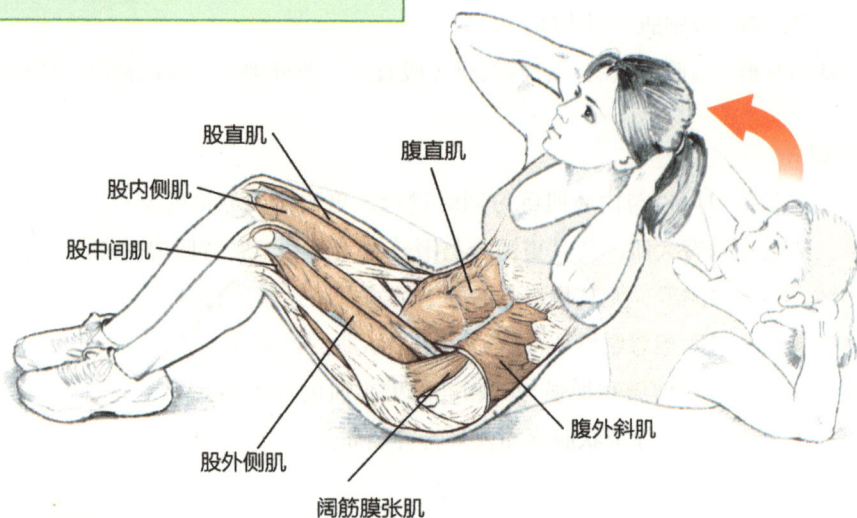

股直肌

股内侧肌

股中间肌

腹直肌

股外侧肌

阔筋膜张肌

腹外斜肌

执行步骤

1. 仰卧，屈膝，双脚压在地板上，双手轻触脑后，而非抱紧。

2. 骨盆压向地面，背部脊椎逐节向上卷抬起上身。

3. 吸气，脊椎逐节向下降低躯干。

参与的肌肉

主要肌群：髂腰肌

辅助肌群：腹直肌、股四头肌（股直肌、股外侧肌、股内侧肌、股中间肌）、阔筋膜张肌

跑步要点

因为股四头肌和腘绳肌互相平衡,腹肌和下腰背肌肉也是这样的。为了避免肌肉不平衡和潜在的损伤,应在完成本章第一部分所述的下腰背力量练习后进行腹部锻炼。此外,仰卧起坐不应该只是追求速度,而是应该以一种相对快速而流畅的方式进行。躯干的下降应该缓慢执行,同时注意腹部的动作。

受仰卧起坐影响的主要肌肉是髂腰肌,它连接着腿部和背部。与此形成对比的是不需要从地板上抬起下腰背的卷腹动作,这个动作只针对腹部肌肉——对那些有腰部疼痛的跑者来说,仰卧起坐会加重这种疼痛。大多数背部专家更喜欢将这种卷腹动作作为一种腹部练习,因为它不涉及通常用于跑步的髂腰肌、腹直肌和阔筋膜张肌。

骨盆的适当运动对步态周期至关重要。骨盆错位可能是由于腹部肌肉和下腰背肌肉之间的不平衡造成的,尽管心肺系统健康完善,也可能会造成损伤,并影响跑步表现。

变体形式

卷腹

仰卧,膝关节弯曲,双手置于胸前或头部后方。通过把肩膀卷向骨盆方向开始运动。下腰背贴在地板上。要想从这个练习中获得最大的益处,关键在于身体的弯曲度,同时保持下腰背固定在地板上。仰卧卷腹练习主要作用于腹直肌和腹斜肌。

侧身卷腹

这种仰卧起坐和卷腹的简单变式主要通过腹斜肌来扭转躯干,试着用肘部去触碰对面的臀部。你可以在每次重复的时候交替体侧进行,或者在一侧重复12次,然后再换另一侧练习。

悬垂抬腿

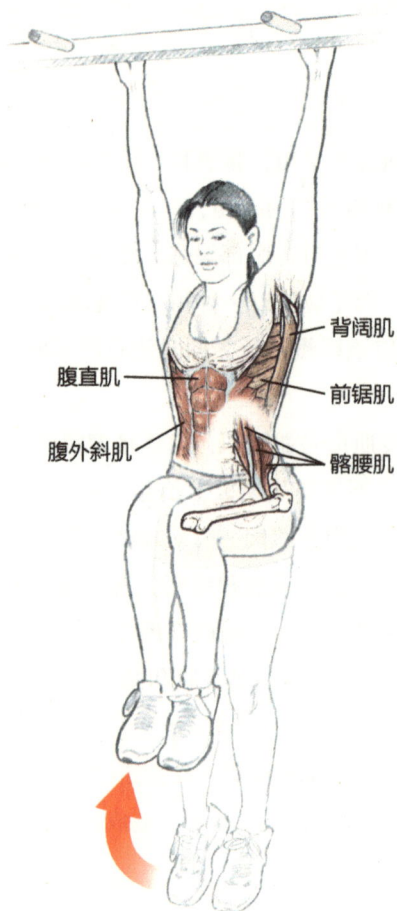

背阔肌
腹直肌
前锯肌
腹外斜肌
髂腰肌

执行步骤

1. 手心朝前悬挂于单杠上，并注意身体的伸展，感觉脊椎承受重力的拉力。

2. 采用可控的动作，以腹部控制力量，让膝盖往胸部的方向抬高，运动过程中躯干不要晃动。

3. 慢慢回到完全伸展的起始姿势，重复动作。

参与的肌肉

主要肌群：腹直肌、腹外斜肌和髂腰肌

辅助肌群：背阔肌和前锯肌

跑步要点

髋屈肌，特别是髂腰肌，在长距离跑步或在以相同地形为特征的比赛中，会感到非常疲劳。跑步的重复性会在几乎没有地形变化的情况下加剧，肌肉越小越会很快疲劳。跑者可以通过加强髂腰肌和其他髋屈肌来应对这种疲劳。当遇到山坡地形时，整个跑步过程中需要大量的抬腿动作，无力的肌肉会更快疲劳，从而导致很难获得踏实的步伐。

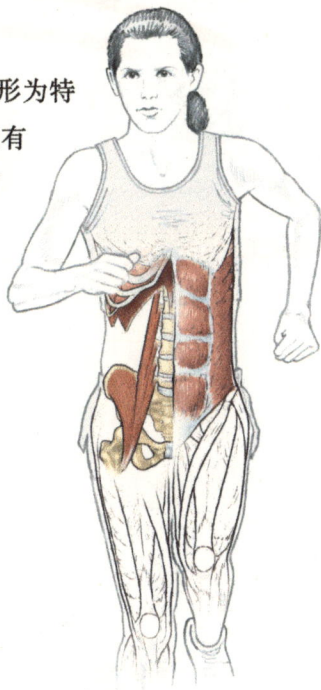

变体形式

悬垂扭转抬腿

标准的悬垂抬腿确实会作用于腹外斜肌和腹内斜肌，但是在一侧加大扭转，会增大这些腹部肌肉的作用，这些肌肉负责躯干的旋转和侧屈。如本章前言所述，斜肌帮助身体扭转，从而允许随地形变化而调整；它们也通过与横隔膜和肋骨一起工作来帮助呼吸。

单腿 V 形上抬

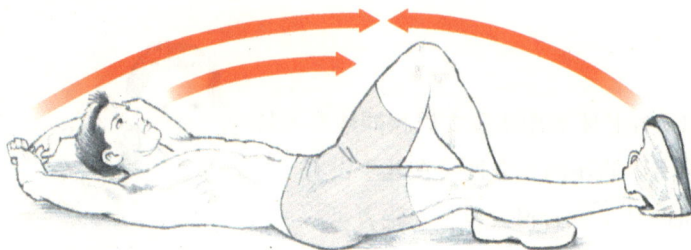

开始位置

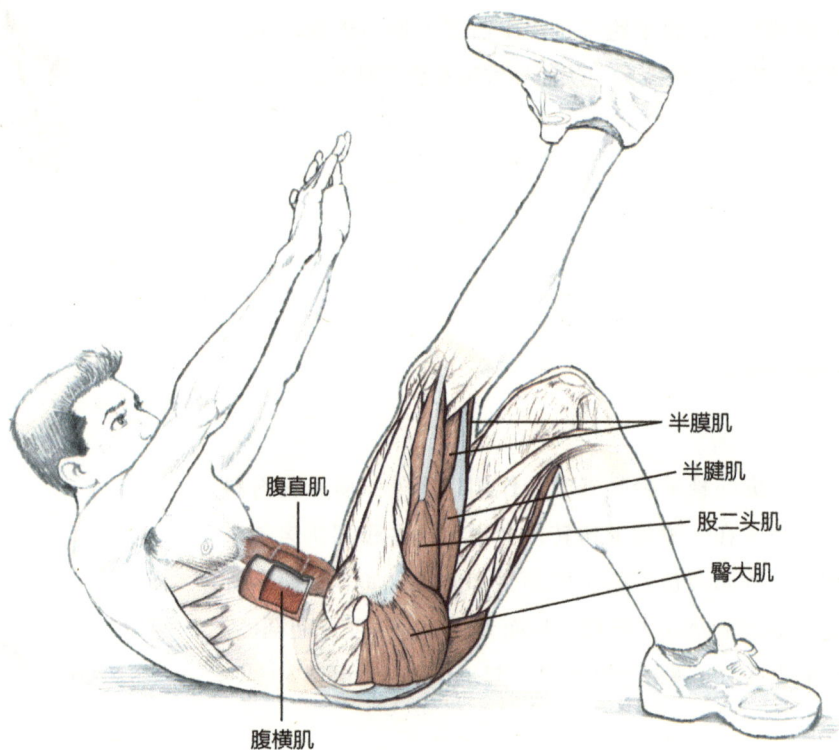

半膜肌

半腱肌

股二头肌

臀大肌

腹直肌

腹横肌

执行步骤

1. 背部平躺，将双手置于头部后方。单腿屈起，并将另一条腿抬高至离地约 15 厘米。

2. 呈仰卧起坐的姿势，利用腹部的力量抬高下巴和胸部，同时抬高离地的腿和举起的手，在最高点交会。

3. 躺下回到起始姿势。换另一条腿重复练习。

100

参与的肌肉

主要肌群：腹直肌、腹横肌、髂腰肌

辅助肌群：腘绳肌（半腱肌、半膜肌、股二头肌）、臀大肌

跑步要点

这种运动是动态的，很快会使腹部肌肉和髂腰肌疲劳。因为它结合了上半身和下半身，所以它比本章介绍的其他一些练习更像全身运动和跑步运动。如果练习失败，这个练习及其药球变式练习可以作为一个完整的腹部训练，特别是作为力量训练环节中的最后一项练习。

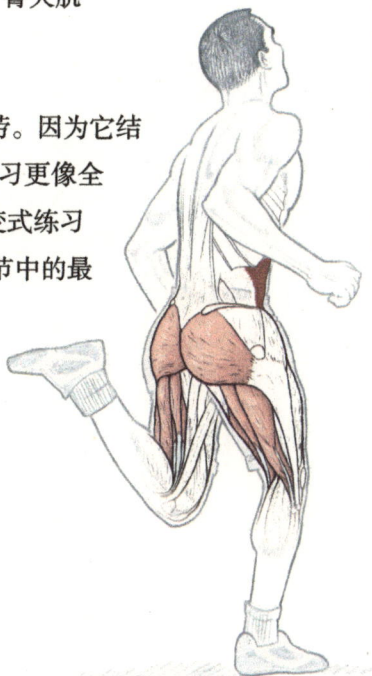

变体形式

药球单腿V形上抬

由于增加了重量，药球的加入会使腹部训练更难。即使是5磅（约2.27千克）的球也会感觉很重，因为球远离腹部支点。此外，协调运动与增加重量的挑战有助于提升协调性——这种技能不是简单地向前跑步而能够提升的。

第 7 章

肩部与手臂

　　新西兰人莫里·哈尔伯格爵士（Sir Murray Halberg）在1960年罗马奥运会5 000米长跑比赛中夺冠，尽管他的手臂肌肉已经因此前的一场运动事故而萎缩。这个例子说明，即使是没有胳膊的人也能很好地奔跑，而且他们通常会跑得很好。当然，手臂在流畅的跑步动作中依然发挥着重要作用。具体来说，每只手臂不仅有助于跑者的平衡，而且在对侧另一条腿离开地面时起到平衡的作用，有助于向前移动。要理解这种动态，可以试着用你的右手和右腿同时向前。这种动作最好的情况下也会让人感觉不自然；但是在最坏的情况下，你会摔倒！另一个例子是，看一名短跑运动员跨越障碍——在前十几步中，膝盖高抬的时候对侧手臂会有夸张的动作，之后手臂继续摆动，直至终点。

　　然而，长跑运动员以这种方式驱动手臂则会浪费宝贵的能量，因为他们的跑步优先考虑节省精力。因此，在跑步时他们的手臂会相当松弛地下垂，通常肘部弯曲呈90度角，双手放松在腕关节下。相比之下，短跑运动员每迈一步时手指都保持笔直和紧张。因此，手臂在成功的跑步运动中扮演着重要的角色，尽管在不同的跑步方式上有明显的不同。

　　手臂与身体相连的点——肩关节——呈较浅的球形与窝状，它能够允许手臂最大限度地移动，甚至接近360度。这种结构是非常有效的，尽管相应的代价是关节不稳以及容易受伤。更具体地说，为了便于移动，支撑肩部骨骼部件的韧带必须具有相对更好的弹性；因此，关节的稳定性取决于固定关节的肌肉的力量。

　　在此请回想一下牛顿的第三运动定律，从而帮助我们理解手臂运动的原理，即每一个动作都有一个大小相等方向相反的反作用力。在这种情况下，如果一个肌肉收缩并向一个方向拉动肩膀，那么一个或多个其他肌肉就必须伸长，以让动作顺利完成。

肌肉平衡是另一个关键因素。在一般情况下，如果与强健的肌肉和良好的张力相对立的肌肉无力且不发达，就会使关节趋向分离。肩关节就是这样的情况。

肱骨顶端、肩关节的球状部位于肩臼外缘较浅的部位或是窟窿处，它本身属于翼状肩胛骨的一部分，环绕着上胸腔的后部。从跑者的角度来看，了解一些保持肱骨头端位置的肌肉（图7.1）是有利的，通过加强他们可以改善跑步动作。

当双腿迈大步时，这种运动需要手臂以类似大幅度的前后移动来平衡腿部动作。此外，尤其是在短跑运动中，手臂和肩膀在推进动作中发挥着重要作用。短跑运动员在比赛中失利时，往往会在退场时绷紧肩膀。疲惫的手臂和紧张的肩膀会导致手臂的摆动不那么流畅，以及幅度更小，这会消耗宝贵的能量。因此，通过上肢力量训练所提供的耐力，可以在瞬间导致成功与失望之间的差异。由于这些原因，这里所介绍的练习和那些锻炼下肢的练习一样重要。

肩关节的最外层由三角肌构成（图7.2）。它起源于锁骨以及部分肩胛骨的顶部，覆盖整个关节。它嵌入于肱骨中间，它的收缩会将手臂向外拉，以形成外展；因此，它能与重力相抗衡。三角肌下面复杂的肌肉排列已经发展到可以在大多数平面中运动。这种能力对跑者来说无关紧要，因为他们的手臂前后移动不需要超过45度，且很少进行侧向运动。因此，这些肌肉需要变得强壮而不是有弹性。

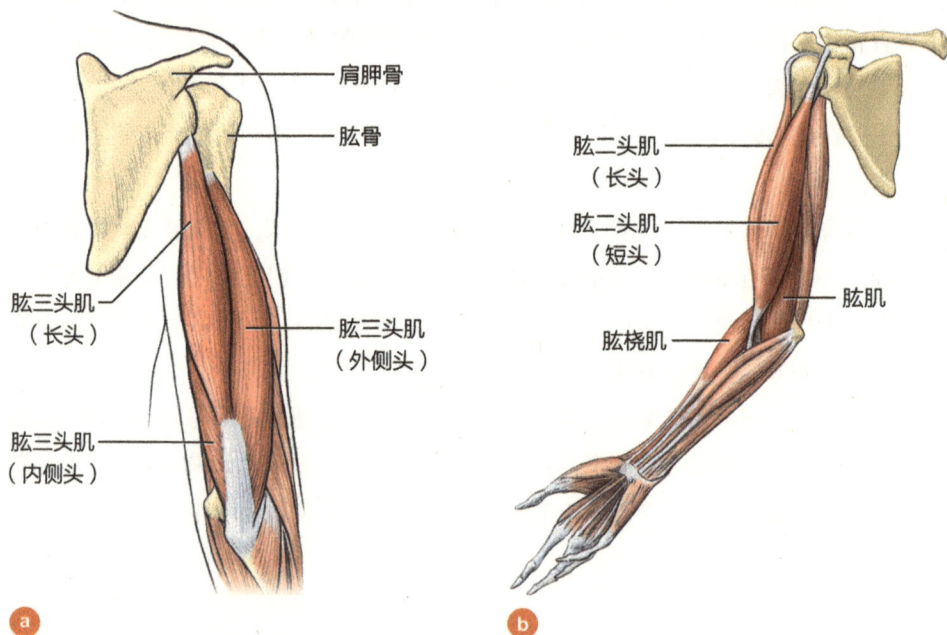

图7.1 上臂：a.背面；b.前面

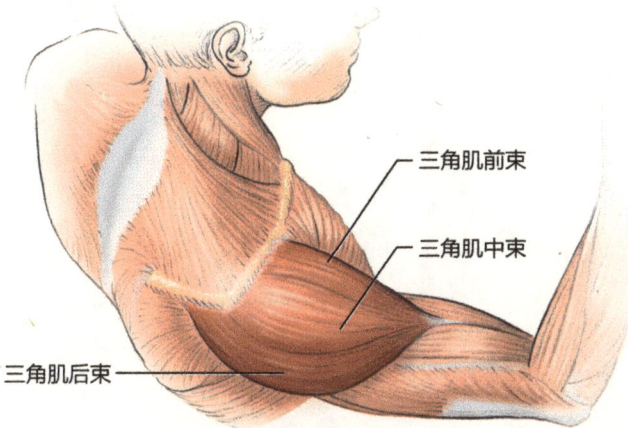

三角肌前束

三角肌中束

三角肌后束

图7.2　三角肌

　　手臂是由一个复杂的网状物固定在肩膀上的。冈上肌支撑肱骨头端，而冈下肌、肩胛下肌、大圆肌和小圆肌（图7.3）连接在一起并保持肩部稳定。

　　肩部下方是肱二头肌、肱三头肌和肱肌所处的位置。它们的主要功能是移动肘关节，但有些纤维附着在肩关节周围，以增强其稳定性。

　　沿着手臂继续向下，前臂的伸肌和屈肌（图7.4）能向内和向外旋转手腕，同时移动手腕和手指。屈肌使这些关节弯曲，伸肌将它们打开。跑者不需要了解详细的解剖学知识，但他们需要这些区域的力量和灵活性。具体来说，能够提高这些素质的练习对提高跑步速度很重要。

　　在这里必须再一次强调，任何弱点都会减慢跑者的速度，这意味着，尤其是在爆发性的短跑运动中，手臂的耐力必须与腿的耐力匹配。这就解释了为什么短跑运动员的上肢和拳击手的上肢没有什么不同。进化使我们学会在跑步时使用手臂，首先有助于身体稳定，然后在每条腿移动时保持身体直立。例如，我们建议慢速观看跨栏障碍赛中选手的动作，以仔细研究选手是如何利用手臂协助身体做好每次起跳、腾空和落地的准备。强壮的上肢不仅有助于全速冲刺时产生充分的爆发力，而且有助于肩部放松；当肩部紧张时，跑者不可避免地会减慢速度。总之，一个没有手臂运动的短跑运动员，会很难达到他真正的速度！

前方视角

胸锁乳突肌
头夹肌
斜方肌

小菱形肌
大菱形肌

肩胛下肌

冈上肌
冈下肌
小圆肌
大圆肌

后方视角

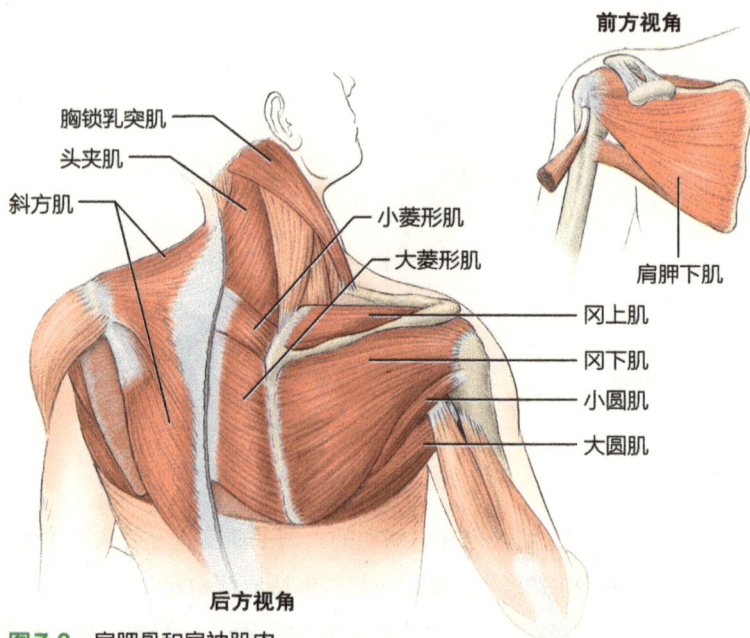

图7.3　肩胛骨和肩袖肌肉

　　最后需提及一点，如果手臂不参与跑步运动，双腿就不能以全速奔跑。当手臂疲劳时，步幅长度和速度都会减小，跑者的速度会随之减慢。因此，腿部强壮的跑者想要在跑到终点的时候加速，会被没有经过训练的上肢所阻碍。

具体的训练指南

　　任何运用手臂的练习都会增强手臂肌肉的力量；即使是在做简单的负重动作，也是一种等距力量训练。对于大多数跑者来说，如果他们进行特定的手臂训练，都会强调肱二头肌。因此，我们在此强调肱三头肌来帮助平衡手臂的肌肉力量。肱二头肌和肱三头肌练习都可以在相对较小的阻力下进行。由于长跑运动员需要在长距离跑步的后期能够有规律地摆动手臂，而不是用手臂来协助产生突然的爆发力，因此他们的手臂训练重点应该在于重复运动的次数（18~24次），以提升肌肉耐力；相反，参加中距离赛跑的选手或短跑选手则可选择较重的重量，并重复运动4~6次就足以形成所需的力量。

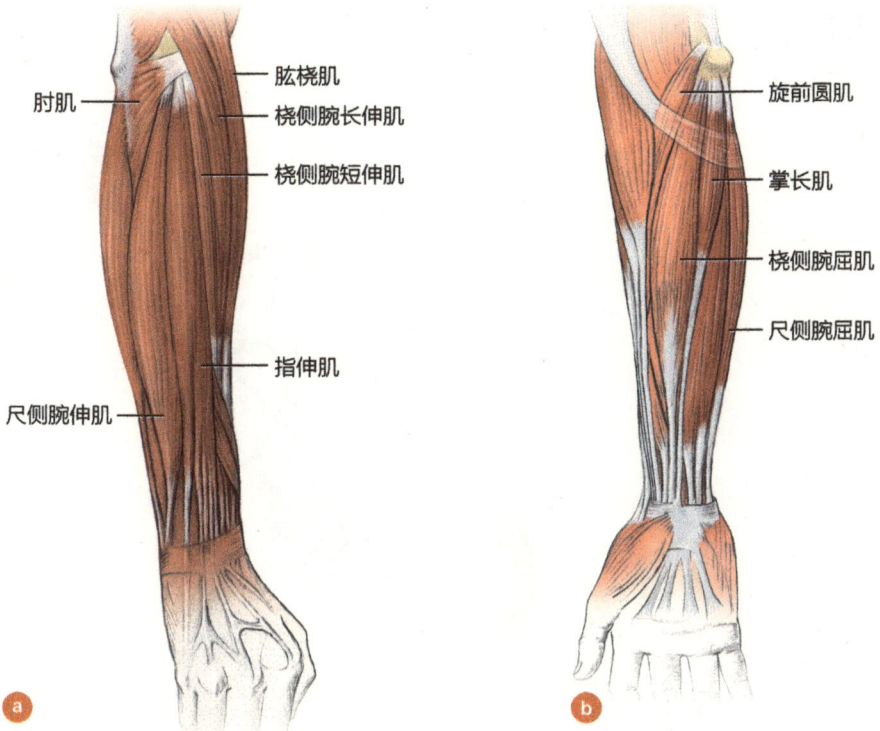

肘肌

肱桡肌

桡侧腕长伸肌

桡侧腕短伸肌

指伸肌

尺侧腕伸肌

旋前圆肌

掌长肌

桡侧腕屈肌

尺侧腕屈肌

a

b

图7.4　前臂：a.前面；b.背面

　　进行肱二头肌练习时，背部保持挺直，不要利用摇晃的方式产生助力举起重量。选择重量时应以能使手臂流畅地弯曲为主要依据，而且刚开始练习时应选择较轻的重量。另外，手肘必须保持在贴近身体的固定位置，以增强肱二头肌，而不是肩部力量。

　　一个合理的手臂练习顺序的例子：先进行窄握杠铃弯举，接着是双臂哑铃后屈，最后再完成手腕反向弯举。

站姿哑铃肱二头肌交替弯举

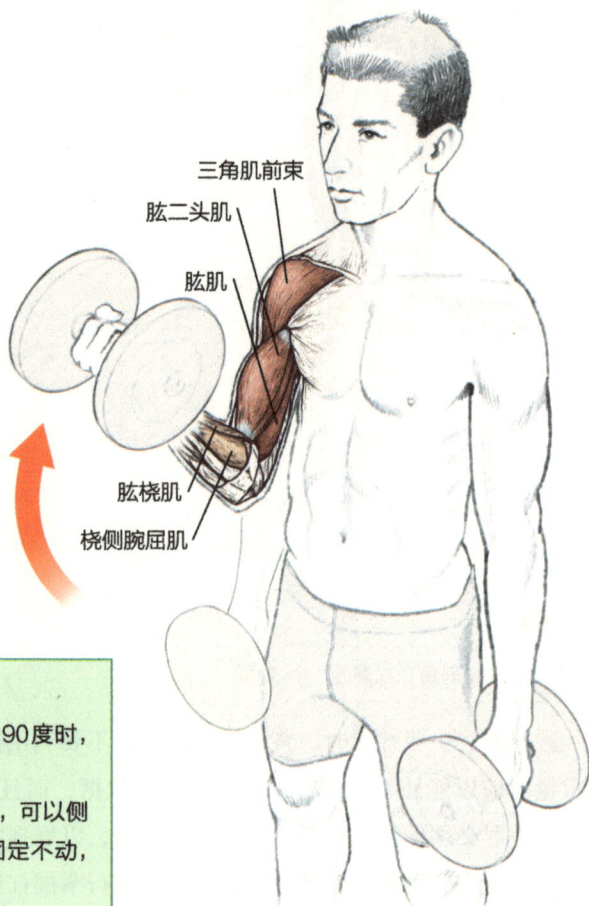

三角肌前束

肱二头肌

肱肌

肱桡肌

桡侧腕屈肌

技巧提示

- 以肘关节为轴；当哑铃移动超过90度时，上臂不应随之移动。
- 为了便于集中精力运用肱二头肌，可以侧身看镜子，注意肘部是否保持固定不动，没有摇摆。

执行步骤

1. 站立时双脚分开与肩同宽，膝关节微微弯曲。两只手各握一个哑铃，手臂从肩部自然下垂，掌心向内。

2. 向上弯举一个哑铃，在整个运动范围内动作流畅；注意运用肱二头肌而非手部。

3. 降低哑铃回到弯举前的姿势动作缓慢且流畅，注意感受肌肉拉伸。接着换另一侧手臂练习。

参与的肌肉

主要肌群： 肱二头肌、肱肌、三角肌前束
辅助肌群： 肱桡肌、桡侧腕屈肌

安全提示 这个练习虽然简单，但是可能会因为跑者选择过重的哑铃而出现失误。理想的重量是能够在重复动作中提供足够的阻力，而不会因为过重导致不良的动作形式。保持正确的动作形式，不要利用上背部肌肉的力量甩动哑铃，应该由肱二头肌来主导整个动作。

跑步要点

跑者需要增强肱二头肌的力量，这似乎有点奇怪。确实，大多数长跑运动员由于双臂和双腿纤细而显得瘦弱。然而，这并不意味着他们的肱二头肌虚弱无力；提升力量不同于增加质量。当肱二头肌练习能够有足够的阻力来刺激力量的增强时——较多的重复次数配合高强度的跑步计划——在不增加肌肉质量的情况下提升了功能性力量耐力。这对长跑运动员来说至关重要，因为在艰苦的训练或比赛中，长跑运动员的手臂必须使他们从一边到另一边保持平衡，并在不感到疲劳的情况下平衡双腿的运动。因此，力量耐力是最重要的，通过完成多组重复12~18次的动作练习，将有助于增强肱二头肌的肌耐力。

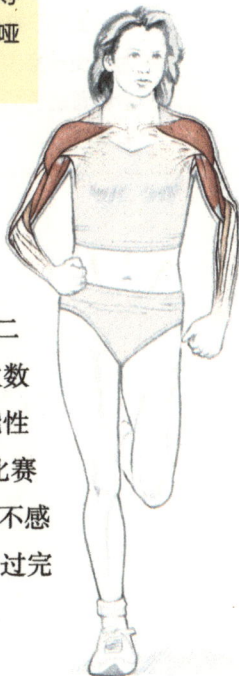

变体形式

宽握杠铃弯举

杠铃弯举在正常情况下的握法分为握距与肩膀同宽、窄握和宽握。窄握比其他握法更能够集中锻炼肱二头肌，而宽握则会运用到三角肌前束（肩关节内部的大肌肉）。这3种握法都非常适合跑者，同时只需使用一个练习就可以完成一个完整的肱二头肌训练，每套动作应采用一种握法。

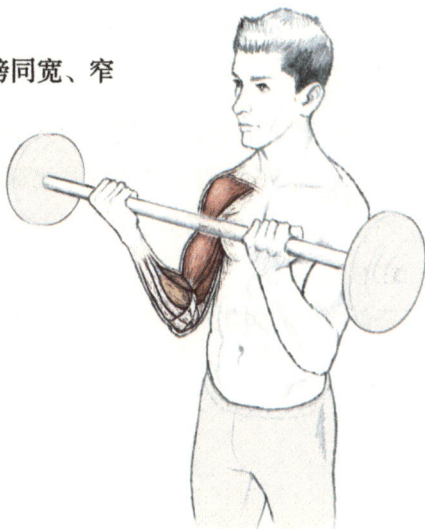

109

站姿哑铃锤式交替弯举

技巧提示

- 上臂在肘部弯曲；当哑铃弯举超过90度时，上臂不应随之移动。
- 为了便于集中精力运用肱二头肌，可以侧身看着镜子，注意肘部是否保持固定不动，没有摇摆。

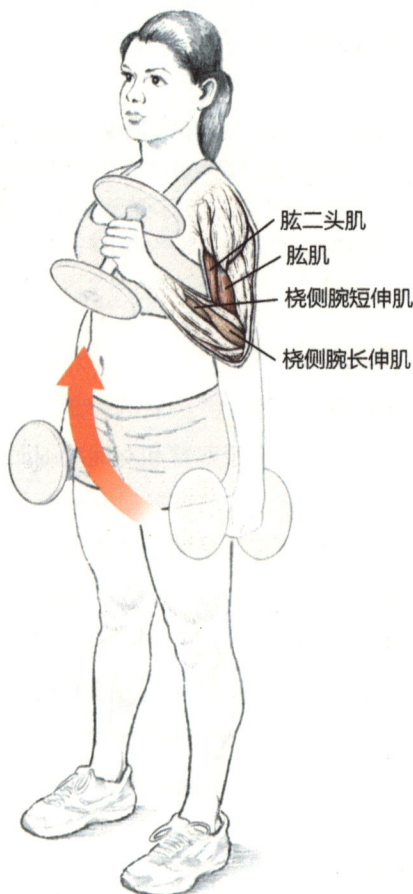

肱二头肌

肱肌

桡侧腕短伸肌

桡侧腕长伸肌

执行步骤

1. 站姿，双脚分开与肩同宽。两只手各握一个哑铃，手臂从肩部自然下垂，掌心向内。

2. 将一个哑铃向上弯举，直到其接触到肩膀，在整个运动范围内动作流畅。集中精力运用肱二头肌，而不是手部。上臂在肘部固定；当哑铃弯举超过90度时，上臂不应随之移动。

3. 降低哑铃回到起始姿势动作缓慢且流畅，注意感受肌肉拉伸。接着换另一侧手臂练习。

参与的肌肉

主要肌群：肱二头肌、肱肌

辅助肌群：肱三头肌、桡侧腕短伸肌、桡侧腕长伸肌

安全提示　避免甩动哑铃，重点收缩肱二头肌。

跑步要点

与完成肱二头肌弯举类似，只是手的姿势发生了改变，锤式弯举动作能够有效增强肱二头肌力量，对肱肌的作用较小。在同样的力量训练中，最后训练肱二头肌的力量，锤式弯举是一项容易引起疲劳的练习，同时由于整个运动范围内都存在相应的阻力，该项练习也能提升关节灵活性。

跑者经常抱怨在持续时间相对较短而强度较大的比赛中或比赛后肱二头肌酸痛。在这样的比赛中，手臂摆动所需的力量增大，从而对上臂肌肉力量的需求增大。通过肱二头肌练习，跑者可以缓解这种疲劳，并在径赛训练中的多次重复动作之间缩短肌肉所需的恢复时间。

变体形式

坐姿双臂锤式弯举

坐在平椅边缘，双脚平放在地板上，背部挺直，双臂下垂，每只手各握一个哑铃，掌心向内。双臂同时进行锤式弯举动作。这个练习需要协调双臂的动作，而且比交替弯举更容易造成手臂疲劳。

手臂与肩部

111

仰卧哑铃肱三头肌伸展

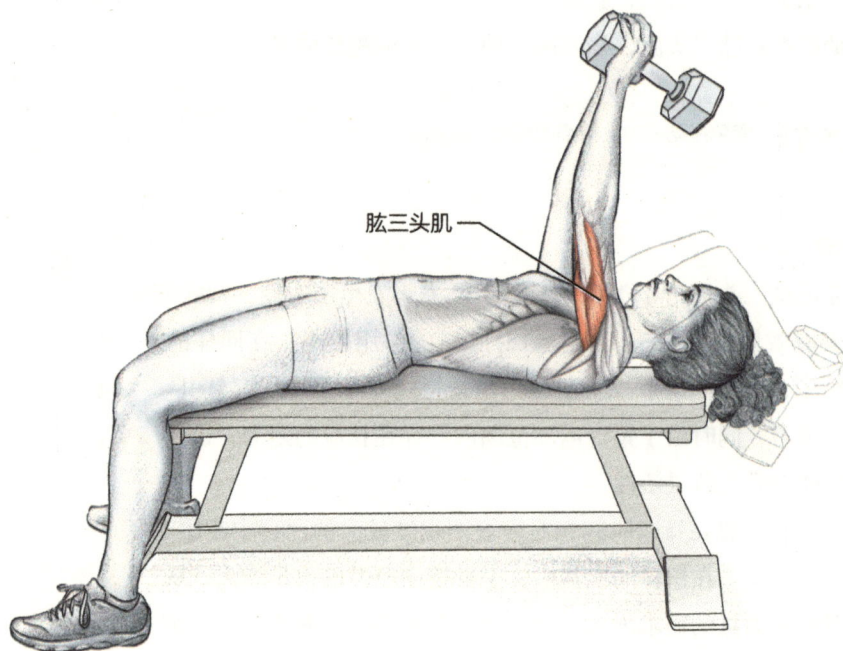

肱三头肌

执行步骤

1. 仰卧于平椅上，双脚置于地面，上半身保持平稳。双臂分开与肩同宽，手肘弯曲呈90度角。双手手掌朝内，各握一个重量合适的哑铃。
2. 前臂完全伸直。
3. 抵抗阻力缓慢降低手臂的高度回到起始姿势。

参与的肌肉

主要肌群： 肱三头肌

安全提示　开始运动前安排一位监护员将哑铃放在训练者手上，让训练者握住哑铃。如果没有监护人员，请于练习开始时伸直手臂，并且以反向动作（降低手臂的高度）开始运动。

跑步要点

　　本章的前言强调了手臂在跑步过程中保持身体平衡以及反向平衡上的重要性。考虑到这一需求，本节中的肱三头肌练习对所推荐的肱二头肌练习进行平衡，从而锻炼出肌肉发达、强健的上臂。前臂肌肉在这个练习中是次要运动肌。这些练习中的运动只发生在肘关节处，并通过与肱三头肌相连而得到锻炼。

变体形式

仰卧杠铃肱三头肌伸展

　　除了哑铃，也可以用杠铃完成这个练习，方式与仰卧哑铃肱三头肌伸展相同。遵循相同的步骤及安全提示。

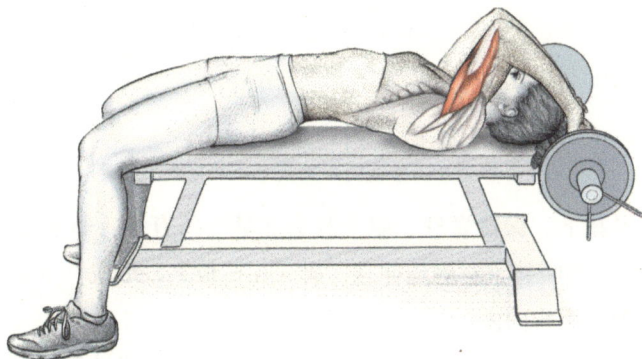

凳上单臂哑铃后伸

技巧提示

　　练习时请不要改变肘部的位置。保持肘部紧靠身体固定不动。尽量避免肩膀下垂协助将重量向后推。

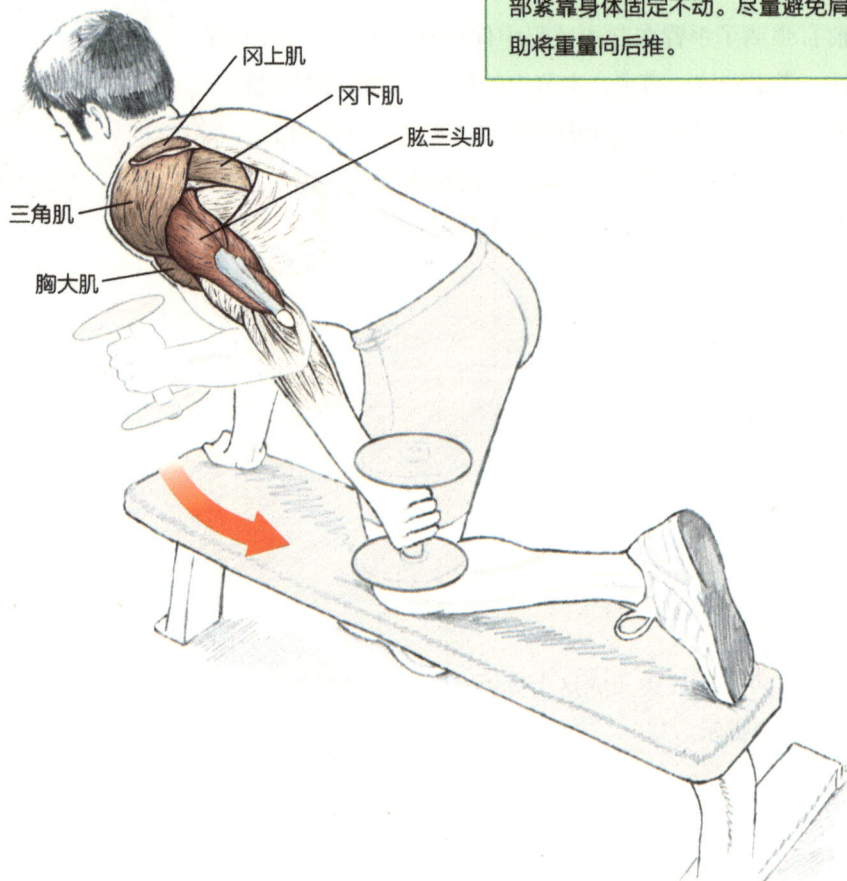

冈上肌

冈下肌

肱三头肌

三角肌

胸大肌

执行步骤

1. 单膝跪在一条平凳上。保持脊柱、躯干与头部呈一条直线。非承重手（不握哑铃的手）压在平凳上，握哑铃手对侧腿伸直，脚踩在地板上，形成一个稳定的支撑。承重臂弯曲呈90度角，手掌向内。

2. 从肘部向后伸展前臂，用肱三头肌引导，缓慢、流畅地完成动作。保持肘部位置固定不动，且平行于上半身，切勿过高。请在这个动作中呼气。

3. 轻轻抵抗阻力，让握住哑铃的手臂回到90度弯曲的姿势。完成此动作时吸气。

114

参与的肌肉

主要肌群： 肱三头肌

辅助肌群： 冈下肌、冈上肌、三角肌、胸大肌

跑步要点

这是一种肱三头肌练习，但也需要运用肩部的冈下肌和冈上肌。由于跑步时手臂的摆动从肩部开始，用这个练习来加强肱三头肌和肩膀有助于避免手臂疲劳及姿势不良——这是两大影响跑步表现的因素。

变体形式

双臂哑铃后伸

进行变式双臂练习时不需要长凳。身体呈站立姿势，双脚分开与肩同宽，腰部弯曲，使躯干与地面平行。双手各握一个哑铃，双臂下垂。双臂同时完成后伸动作。这项练习使用的肌肉与凳上单臂后屈所用到的肌肉相同，但也包括腹部和下背部稳定身体的核心肌肉。

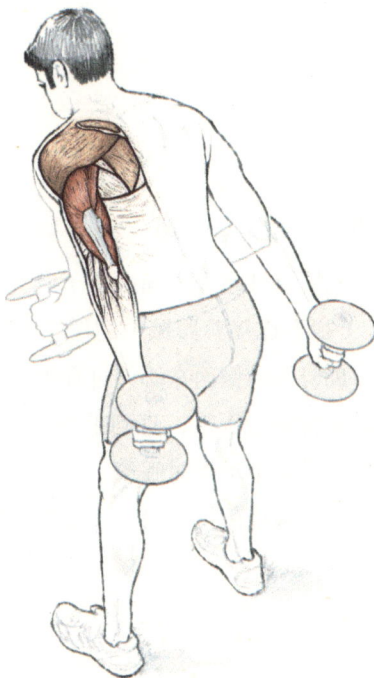

器械反向下推

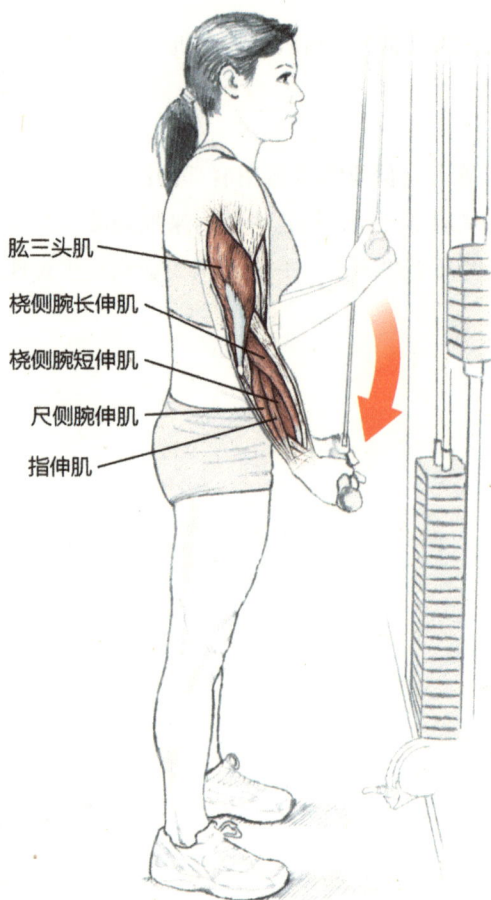

肱三头肌

桡侧腕长伸肌

桡侧腕短伸肌

尺侧腕伸肌

指伸肌

执行步骤

1. 双腿分开站立，间距小于肩宽。双手手掌朝上（反握）握住固定在缆绳上的短直把手（把手连接着器械上的滑轮）。伸直前臂，然后手肘微弯接近75度角，这个角度能帮助身体的侧面在练习过程中维持固定的姿势。

2. 前臂平稳下推，直到手臂完全伸直，此时手肘在起始位置靠近身体并保持固定不动，完成这个动作时呼气。

3. 抵抗缆绳的拉力时，让重物缓慢平稳地回到起始位置。在练习这个动作时吸气。

参与的肌肉

主要肌群： 肱三头肌、桡侧腕长伸肌、桡侧腕短伸肌、尺侧腕伸肌、指伸肌

跑步要点

　　器械反向下推主要是针对肱三头肌进行训练，由于需要手以反握姿势完成动作，所以这个练习也可以锻炼前臂肌肉。这个练习可以让跑者从以肱三头肌为主导的伸展和后屈练习转入下一个练习——手腕弯举——也是主要锻炼前臂肌肉。进行练习时，肱三头肌和前臂伸肌很快就会疲劳，就像是参加了一场中长距离的赛跑（5 000~10 000米）。比赛过程中，跑者在跑动和最后冲刺时会运用双臂推动双腿前进。

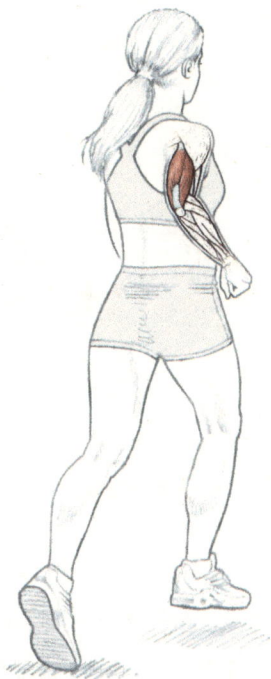

手腕弯举和反向弯举

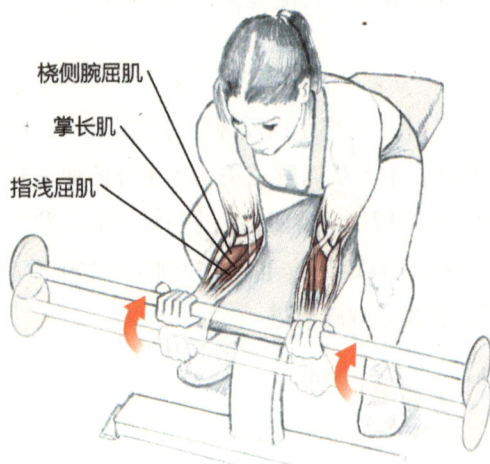

桡侧腕屈肌

掌长肌

指浅屈肌

技巧提示
- 重点练习肌肉的充分伸展，并且避免发生杠铃掉落的状况。
- 当前臂无法靠在长凳上时，可以靠在自己的双腿上。

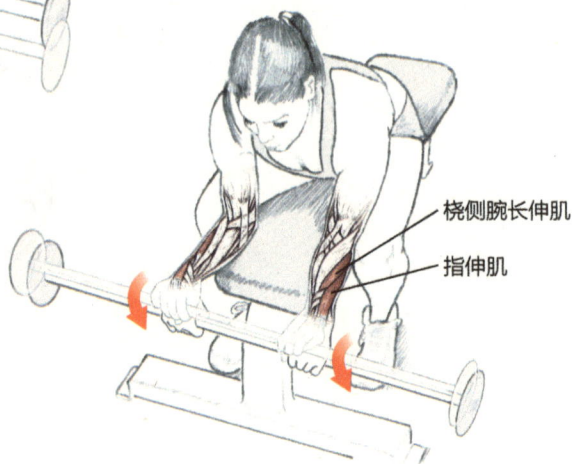

手腕弯举

桡侧腕长伸肌

指伸肌

手腕反向弯举

手腕弯举的执行步骤

1. 坐在平凳上，身体向前倾，前臂平贴在长凳上，双手和手腕必须伸直超过长凳的边沿，手掌朝上。重量较轻的杠铃放在手掌前半部，手指轻握杠铃。
2. 只用前臂和手部肌肉的力量通过双手抬高举起杠铃，在完整的范围内移动。
3. 让杠铃缓慢下降回到起始位置，而杠铃向下移动的同时必须抵抗杠铃的阻力。

手腕反向弯举的执行步骤

1. 坐在平凳上，身体向前倾，前臂平贴在长凳上，手掌和手腕必须伸直超过长凳的边沿，手掌朝下。杠铃重量较轻，用手掌和手指安全抓握杠铃。
2. 只用前臂和手部肌肉的力量通过双手抬高举起杠铃，在完整的范围内移动。
3. 让杠铃缓慢下降回到起始位置，而杠铃向下移动的同时必须抵抗杠铃的阻力。

参与的肌肉

主要肌群：桡侧腕屈肌、掌长肌、指浅屈肌、桡侧腕长伸肌、指伸肌

跑步要点

随着将伸肌和屈肌练习纳入力量训练，利用手腕弯举及反向弯举来强化这些肌肉。这些肌肉如何影响跑步呢？在一场4小时的马拉松比赛中，跑者的双臂约摆动22 000次，虽然摆动动作是发起于肩部较大的肌肉，但上臂和前臂也同样参与其中。尤其是在跑步的过程中，前臂与上臂必须呈90度的直角来抵消对侧腿的动作。

手臂摆动22 000次并维持悬吊姿势达4小时后一定会疲劳，而且可能还会引发一系列的生物力学调整反应，导致不良的跑步方式和能量耗损。针对手臂的力量训练能有效减轻因疲劳和连锁反应所产生的不良结果，就算没办法完全消除疲劳，至少也能降低体力损耗，使跑步表现得到改善。

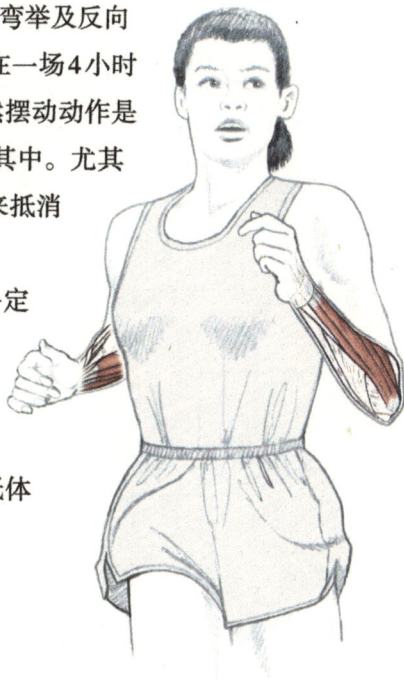

第8章

胸部与背部

任何理解风箱功能（例如手风琴）的人很快就会掌握胸腔的解剖学重点，也就是我们熟知的胸部。风箱是一种利用压力移动空气以产生气流的装置。人的胸腔工作原理与其类似。胸部的主要骨骼架构如图 8.1 所示。12 节椎骨上下逐一排列，它们通过韧带等软组织的连锁方式，来允许前后方向的运动、有限的横向运动（侧向），以及在躯干允许的范围内完成一定程度的旋转和扭转动作。每一节椎骨的两侧都会伸出两个肋骨，其前部拱起呈弧状。

椎骨的外侧或后侧由竖脊肌支撑，竖脊肌沿着脊柱的长度延伸；然而，每根肋骨都悬挂在另一根肋骨的上方，其中也包括"假"肋骨，它们由肋间肌结合在一起，结构非常类似于百叶窗。即便如此，没有进一步的结构支撑，肋骨会不稳定；因此，维持肋骨相互之间的位置，需要由斜方肌、背阔肌、菱形肌、圆肌群、肩部稳定肌群、胸大肌和胸小肌一起负责（图 8.2）。在这个穹顶的底部，与下部肋骨相连的是较大的横膈膜，横膈膜环绕着胸腔的底部。腹肌、腹直肌、腹外斜肌和前锯肌能够提升进一步的稳定性。

跑步时身体对氧气的需求远远大于身体静止时对氧气的需求。为了满足这些需求，横隔膜会像风箱一样不断进行收缩，然后将空气吸入肺部。与此同时，肋间肌处于松弛状态，只有在呼气时肋间肌才会剧烈地收缩，此时松弛的横膈膜则会缩回胸腔。在肋间肌与横膈膜交替推拉的运动中，肺部会先充满空气再清空，满足身体运动所需的氧气。

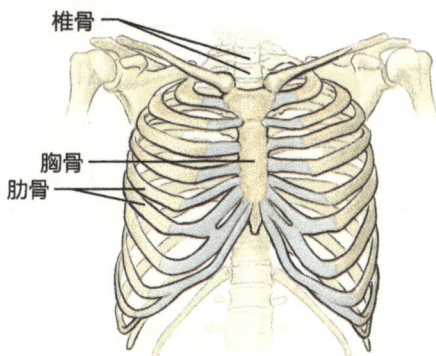

椎骨
胸骨
肋骨

图8.1 胸部的骨骼结构：肋骨、胸骨和椎骨

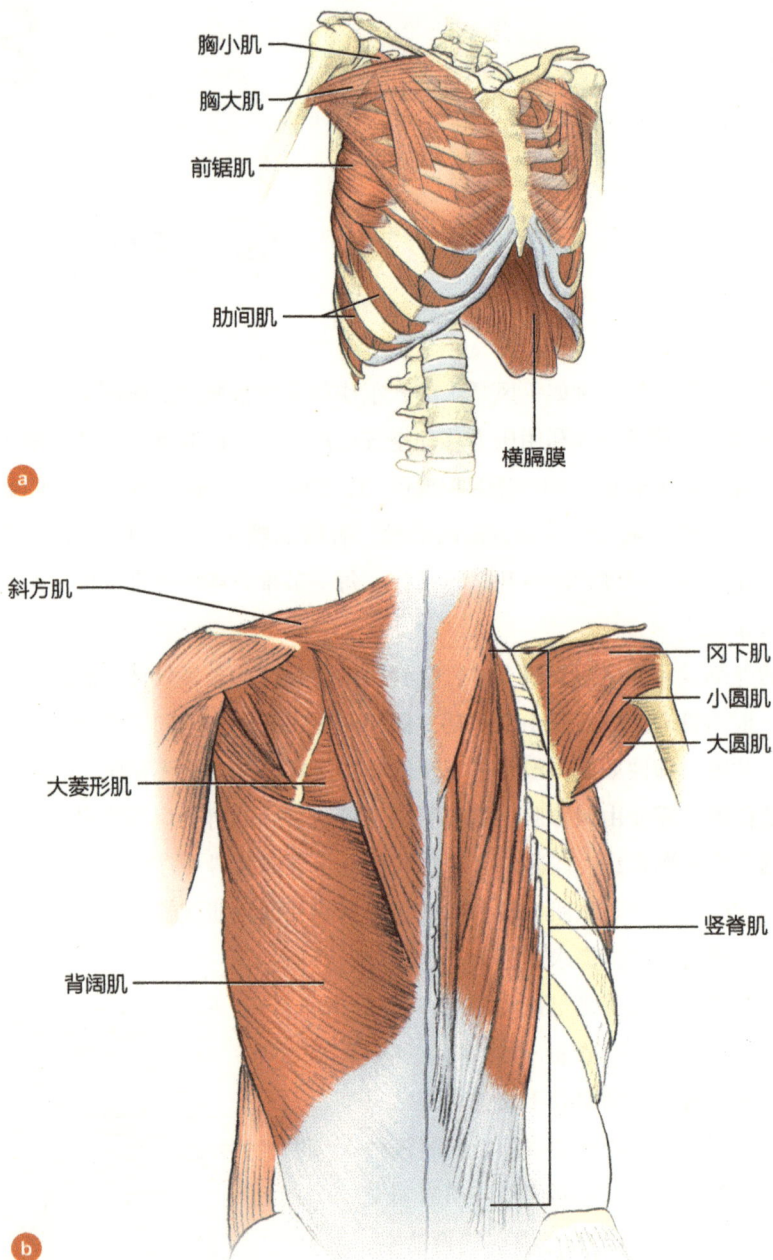

胸小肌

胸大肌

前锯肌

肋间肌

横膈膜

a

斜方肌

冈下肌

小圆肌

大圆肌

大菱形肌

竖脊肌

背阔肌

b

图8.2 上身躯体：a.前视图；b.后视图

　　胸腔的肌肉不但有助于呼吸，而且在人体的前进动作中发挥着虽有限又相当重要的作用。了解这种作用的最佳方式，是近距离观察一位跑者跑步的慢动作。跑者大腿向前每跨出一步，骨盆就会微微地旋转，先转向一边，接着转向另一边。这个旋转动作会让脊椎产生轻微的扭转，如果不控制扭转的幅度，腹部与胸腔就会失去稳定性。为了防止出现不稳定性，胸腔的肌肉组织会产生一些细微而重要的拉紧和放松动作，不仅有助于身体保持直立，还可以矫正当人们以每小时 32 千米的速度向前移动时产生的动作变化。

　　手臂随着每个步伐前后摆动时，连接肩部和肱骨的肌肉，特别是胸肌和圆肌，同样也会被动地运动。在抵抗三角肌所产生的拉力时，如果这些肌肉主动收缩，则有助于上臂进行小范围的运动。

　　这些肌肉对于跑步的重要性在于对"最薄弱环节"的假设——跑者的爆发力不仅仅取决于所产生的力量，还取决于跑步时造成身体开始疲劳的任何一个方面。如果胸部肌肉锻炼不足，并因此变得疲劳，它们就不能执行其功能，最终会降低跑步效率。这不仅阻碍了运动员呼吸，还削弱了支撑脊柱和辅助手臂运动的辅助动作，从而导致不可避免的减速。

　　经过多年的观察之后，我们仍然很惊讶地发现，有很多跑者认为只有提高跑步速度或训练量，他们才能进步。许多人没有意识到，他们跑步的极限总是与身体最薄弱的部位有关。例如，一个跑者的腿部可能有能力完成在不超过 4 分钟的时间内跑完 1.6 千米的目标，但如果肺部无法容纳腿部运动所需的足够的氧气，将会因氧气供应量不足而使跑步速度降低。为了避免出现这种不平衡，横膈膜和支撑肌肉必须和下肢一样强健。这些肌肉在练习中和其他肌肉以相同的方式感到疲劳，需要和其他肌肉一样进行高强度的练习。因此，在此介绍的训练应该和那些腿部练习同等重要。

训练的具体指导方针

　　胸部和背部的力量训练不会让你变得体形庞大，也不会妨碍你的跑步表现，除非你想增重。当然，大多数跑者更喜欢保持身体轻盈，所以在完成以下练习时，要进行 3 组重复次数相对较多（12~15 次）的练习，且负重相对较轻。这种力量训练并不意味着获得的力量很少；但它确实意味着（跑步量同时减少）增加的肌肉质量很少。将以下练习融入每周两次的训练课程中，就足以让你的胸部和上背部保持强壮，这将有助于保持正确的跑步姿势和呼吸方式。

哑铃卧推

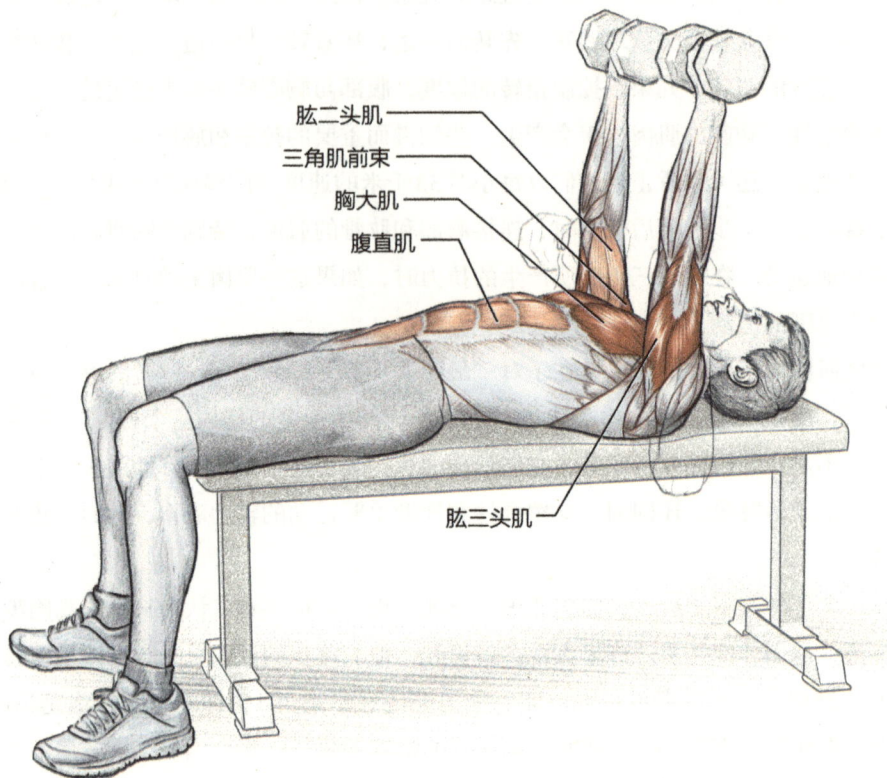

肱二头肌
三角肌前束
胸大肌
腹直肌

肱三头肌

执行步骤

1. 仰卧平躺在长凳上（背部朝下），双脚放在地板上。此时，下腰背应该呈现自然的轻度弯曲。双手放在胸前各握一个哑铃。

2. 双臂用力向上推举哑铃，直至手臂完全伸展。再立刻缓慢地降低哑铃，回到起始姿势。

3. 请记住，重复这个动作时，背部必须紧贴长凳并保持稳定。

参与的肌肉

主要肌群：胸大肌、肱三头肌、三角肌前束

辅助肌群：肱二头肌、腹直肌

跑步要点

如本章前文所述，胸部肌肉会因运动而疲劳，其方式与所有其他肌肉完全相同。幸运的是，通过哑铃卧推等简单的练习就可以很容易地增强这些肌肉。由于两个哑铃是分离的，所以会导致躯干需要稳定性，与杠铃卧推相比，这项练习会更多地锻炼腹部肌群。因此，该练习同时针对胸部肌群和腹部肌群，并将其作为稳定器。随着腹肌和胸肌的增强，长跑运动员在比赛或训练的后期能够保持更好的姿势（并且可以感受更顺畅的呼吸）。更好的上身姿势反过来也可以带来更有效的步态周期，这将有助于跑者保存宝贵的能量。

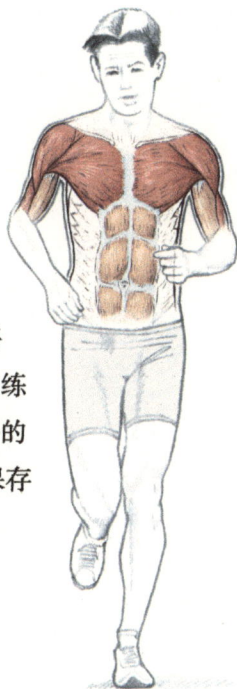

变体形式

旋转式哑铃卧推

这种变式尤其能刺激胸肌的胸骨头，从而充分增强了整个胸部肌群。

125

上斜杠铃卧推

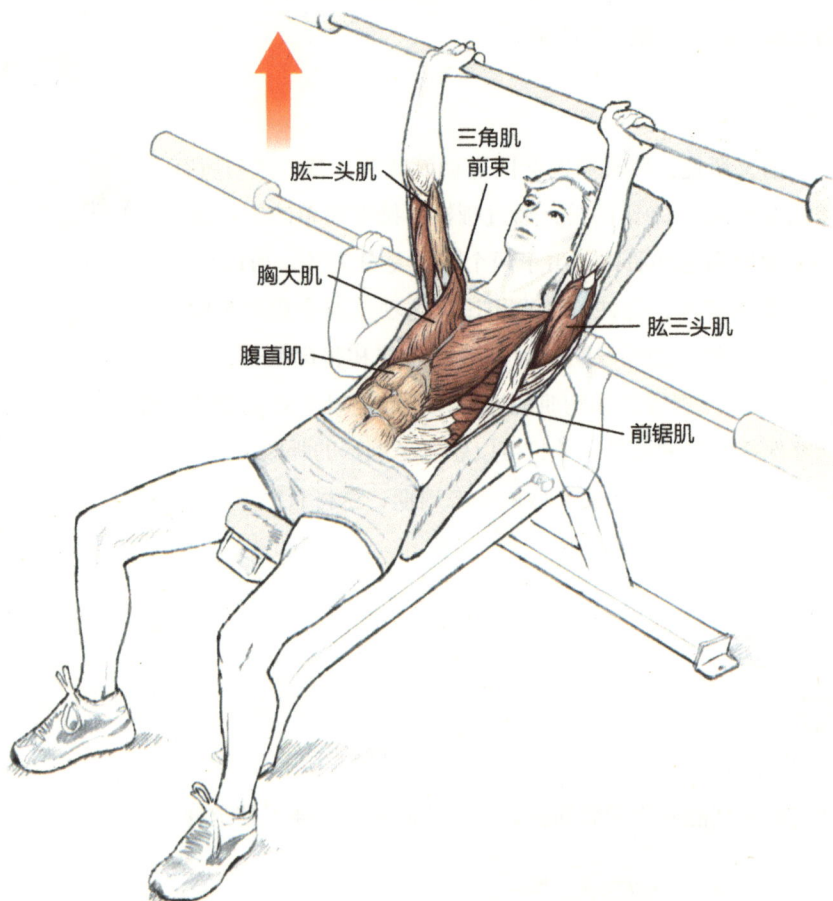

三角肌前束

肱二头肌

胸大肌

肱三头肌

腹直肌

前锯肌

安全提示 强烈建议跑者在进行此练习时，安排监护员在一旁协助放置和取下杠铃。由于这个练习采用上斜位置，因此，肩部，特别是肩袖肌肉必须承担更多的重量。如果肩膀感到疼痛必须立刻停止运动，换成平卧式哑铃卧推。

执行步骤

1. 平躺在倾斜45度的长凳上，然后完全伸直双臂，双手握杠，间距略大于肩宽。

2. 手臂完全伸直后，从架上取下杠铃，然后降低杠铃并停在胸部上方。

3. 垂直地向上推举杠铃，接着回到起始姿势，不要固定肘部。

参与的肌肉

主要肌群： 胸大肌、肱三头肌、三角肌前束、前锯肌

辅助肌群： 肱二头肌、腹直肌

跑步要点

这个练习所锻炼的肌肉部位和哑铃卧推非常类似，同时，还必须运用前锯肌，从而增强了上半身的肌肉。通过使用不同的练习来刺激同一部位的肌肉增长，跑者可以变换他们的力量训练计划，从而保持训练的新鲜性。

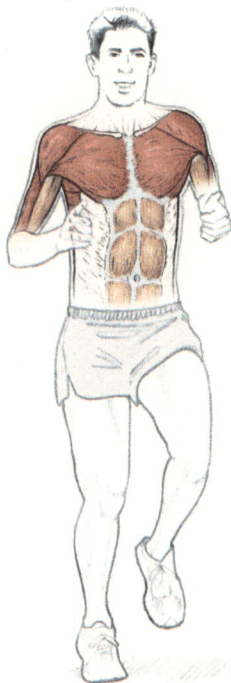

哑铃扩胸（飞鸟）

技巧提示

当哑铃移动至头部上方时，手不要用力推举或过度使用三角肌的力量，而推举的动作应该由胸大肌来完成。

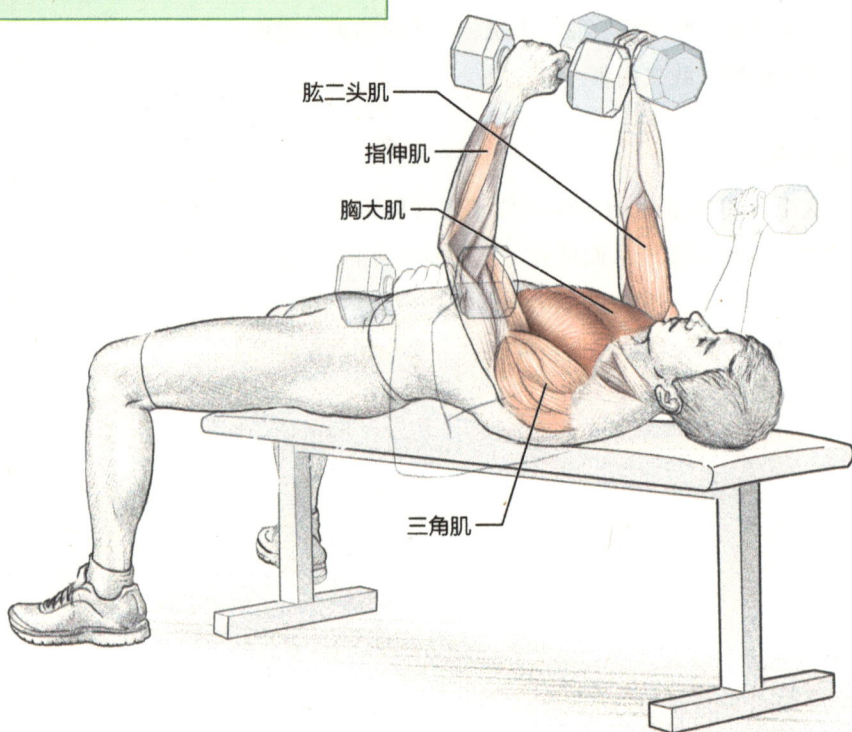

肱二头肌

指伸肌

胸大肌

三角肌

执行步骤

1. 仰卧在长凳上，双脚放在地上，下腰背应该呈现自然的轻度弯曲而不会接触到长凳。双臂伸展与身体垂直，双肘弯曲呈5~10度角，双手各握一个哑铃，手掌朝内。

2. 缓慢地降低哑铃，注意胸大肌的拉伸，同时保持手肘弯曲，直到上臂向外展开，且与凳面处于同一平面。

3. 握住哑铃的双手慢慢回到起始时的竖直位置，仿佛双手正抱着一个桶，注意控制两个哑铃不要在上方接触，此时双手相距5~8厘米。

128

参与的肌肉

主要肌群：胸大肌

辅助肌群：肱二头肌、三角肌、指伸肌

安全提示 请注意这个练习是从手臂伸展开始，而不是朝外侧伸展。如果选用过重的哑铃，推举哑铃开始练习时难度很大；此外，从向外侧伸展的动作开始，还会造成三角肌和肱二头肌的不适。为预防受伤，不要让手臂低于长凳表面的高度。

跑步要点

　　本章前文所述的所有练习的益处中都有增强胸肌。然而哑铃扩胸的好处还包括了胸肌的拉伸，特别是在练习中完成反向或降低的动作。这种拉伸动作有助于扩张肋骨间的肋间肌，并且可以改善呼吸模式。基本上，胸部肌肉扩张的程度越大，人体越容易吸入大量的氧气。这一效果反映在许多杰出的马拉松运动员上，他们都拥有很大的胸腔，例如埃塞俄比亚选手海尔·盖博塞拉西（Haile Gebrselassie）和美国选手瑞恩·霍尔（Ryan Hall）跑步时，胸部看起来总是呈扩充状，很可能就是因为经过训练肺部变大了。

俯卧撑

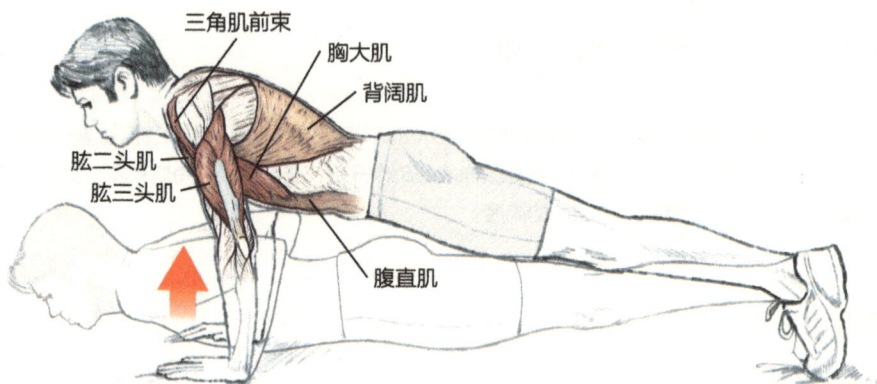

三角肌前束
胸大肌
背阔肌
肱二头肌
肱三头肌
腹直肌

执行步骤

1. 开始呈俯卧姿势，双臂弯曲，双手撑地，双手间距略大于肩宽，与肩部外侧呈一条直线。
2. 一次性地，有控制地将身体推离地板，期间身体保持在一个略微向上的平面（从脚到头），直到双臂完全伸展。撑起过程中呼气。
3. 通过弯曲肘部来慢慢降低身体，直到胸部接触或接近地板。这个阶段吸气。

参与的肌肉

主要肌群：胸大肌、肱三头肌、三角肌前束
辅助肌群：肱二头肌、背阔肌和腹直肌

跑步要点

俯卧撑是最纯粹的力量练习，不需要任何设备也不需要任何负重。该练习并不复杂，除非改变运动方式（例如上斜式俯卧撑和健身球俯卧撑），但它是一种非常有效的增强上半身力量的练习方式。

俯卧撑有助于增强上半身和腹部肌肉，让跑者在跑步过程中保持良好的姿势。该练习能够巩固姿势的矫正，因其需要用到的技巧类似于跑步时维持人体上半身的正确姿势。

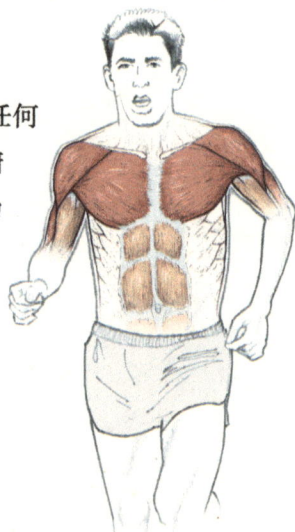

俯卧撑可以多次重复进行，但和其他力量训练一样，不应该每天进行，因为肌纤维需要一段时间才能恢复，所以，最好在运动后休息一段时间再继续。

变体形式

上斜式俯卧撑

上斜式俯卧撑将练习的重点转移至了胸肌上部和肩部肌肉。因为上斜式俯卧撑可以多次重复进行，所以如果难以完成常规俯卧撑，可由上斜式俯卧撑开始。注意：由于这个练习的难度比较低，在运动过程中可能想加快速度。但你应该避免这种想法，以避免肩袖肌肉受伤。因为相比常规俯卧撑，上斜式俯卧撑必须大量运用肩袖肌肉。

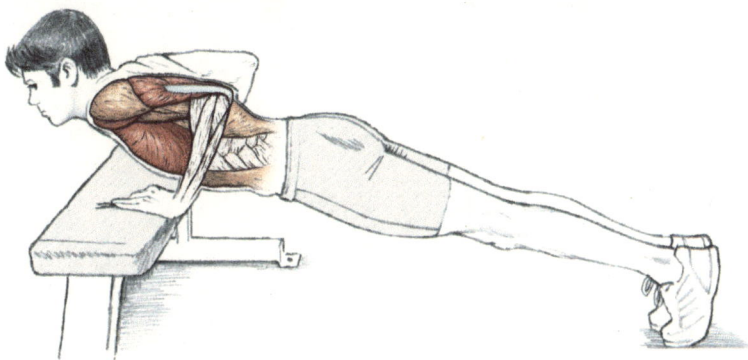

健身球俯卧撑

作为一个下斜式俯卧撑，健身球俯卧撑将重点转移至上背部肌肉。利用健身球完成练习时，人体的核心部位必须保持平稳，因此，这个练习主要是针对辅助肌群。在完成这种俯卧撑的过程中，尽量不要让臀部向地面下沉，应始终保持身体挺直、姿势正确。如果完成有困难，可以换一个比较小的健身球来降低运动的难度。

131

引体向上

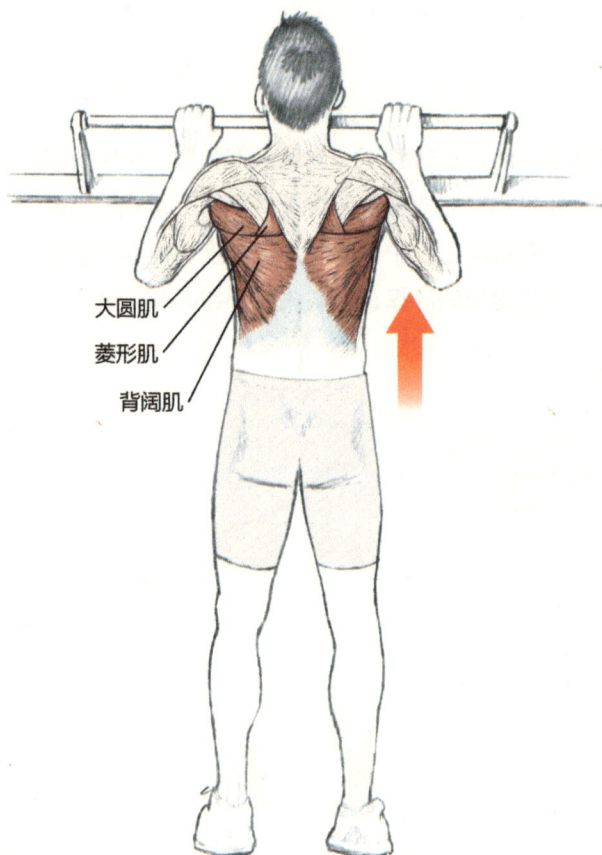

大圆肌
菱形肌
背阔肌

执行步骤

1. 正手握杠（手掌朝前）并悬挂，双臂完全伸直。

2. 以流畅的动作将身体向上拉。

3. 当下巴到达单杠的高度时，控制动作慢慢地降低身体高度，回到双臂伸直的起始姿势。练习过程中双脚不可触地。

参与的肌肉

主要肌群：背阔肌、大圆肌和菱形肌

辅助肌群：肱二头肌、胸大肌

跑步要点

　　具体来说，引体向上有助于加强上背部肌肉。长跑运动员可以证明，强壮的上背部在训练或长时间比赛的后期阶段能够帮助运动员保持更好的跑步姿势。

　　引体向上练习有难度，非常难。为了帮助训练顺利开始，可以在脚下垫一个箱子开始做第一次引体向上。可控、流畅地完成该动作，而且不能扭动身体或弹跳。

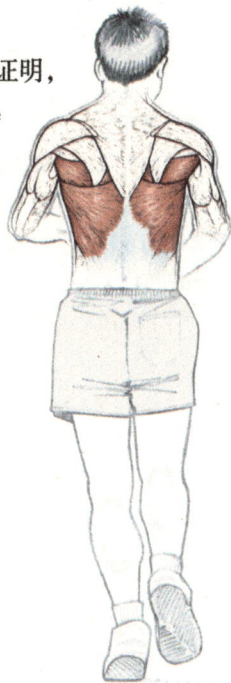

变体形式

反握式引体向上

　　采用反手握杠（手掌面对自己），双手间距与肩同宽。悬挂拉杠，双臂完全伸直，然后以流畅的动作将身体向上拉。当下巴到达单杠高度时，控制动作慢慢地降低身体高度，回到双臂完全伸直的起始姿势。双脚不可触地。

　　和正手握杠相比，反握式引体向上会大量使用肱二头肌。由于肱二头肌的尺寸较小，会更快地感到疲劳，因此，反握式引体向上的难度更大。

　　这两种引体向上练习可以在高强度的上背部训练中交替进行，也可以在不同的日子里作为一般训练的一部分进行。此外，引体向上器械可为手的位置提供多种选择。

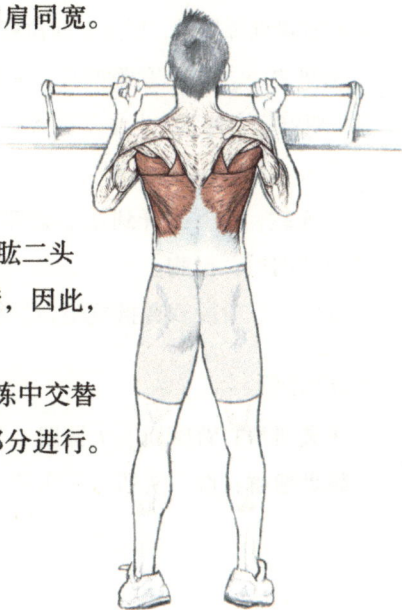

器械背阔肌下拉

技巧提示

　　如果采用较重的重量作为阻力，背阔肌下拉练习会极大地增加肌肉质量。因此，建议跑者使用较轻的而非最大的重量进行重复次数较多的练习。

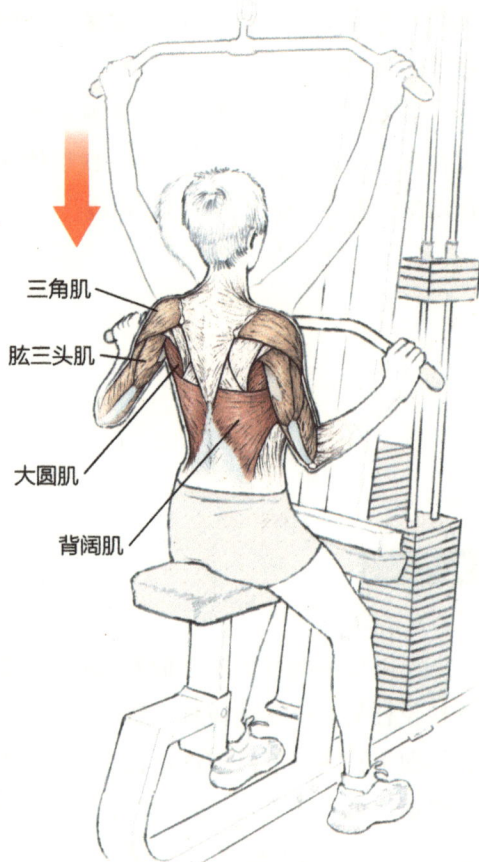

三角肌

肱三头肌

大圆肌

背阔肌

执行步骤

1. 利用重量训练器械，身体面向拉杆，双腿置于坐垫之下。双手宽距握杆，手掌背对身体，双臂完全伸直，上半身稍微旋转（肩膀靠后），以适应动作需要。

2. 动作连续，向下拉杆到达上胸部位置；保持肘部向后，挺胸。

3. 在反向动作阶段双臂抵抗阻力，缓慢地回到完全伸展姿势。

参与的肌肉

　　主要肌群： 背阔肌、大圆肌

　　辅助肌群： 肱三头肌、三角肌

跑步要点

　　背阔肌下拉动作在正常的跑步动作中并不直接涉及，那么，如何通过这个练习提升跑步表现呢？正如前面所介绍的胸部和上背部练习，背阔肌下拉练习通过增强肌肉（即背阔肌和大圆肌）来支撑和稳定身体的胸部，改善呼吸模式和跑步姿势。强壮的上背部肌肉有助于平衡身体因胸部练习所获得的力量，进一步保持躯干的平衡。该练习也能让跑者在长距离训练或比赛中维持直立姿势，因此，这个练习非常适用于训练的入门阶段。

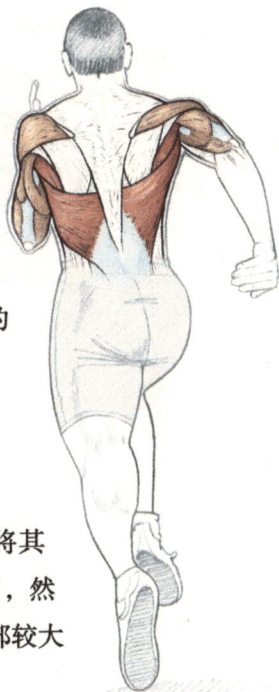

变体形式

反握背阔肌下拉

　　这个练习强调肱二头肌、背阔肌和大圆肌的作用，建议将其和手臂增强练习安排在同一天进行。首先完成背阔肌下拉练习，然后调整重量负荷，完成反握变式，因为后者弱化了肩部和上背部较大肌肉的作用。

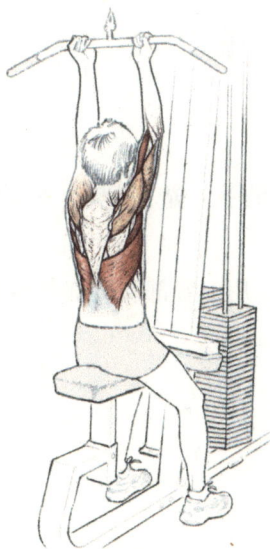

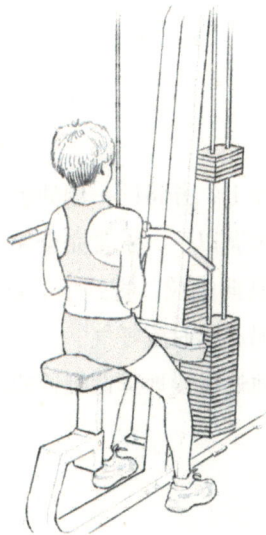

单臂哑铃划船

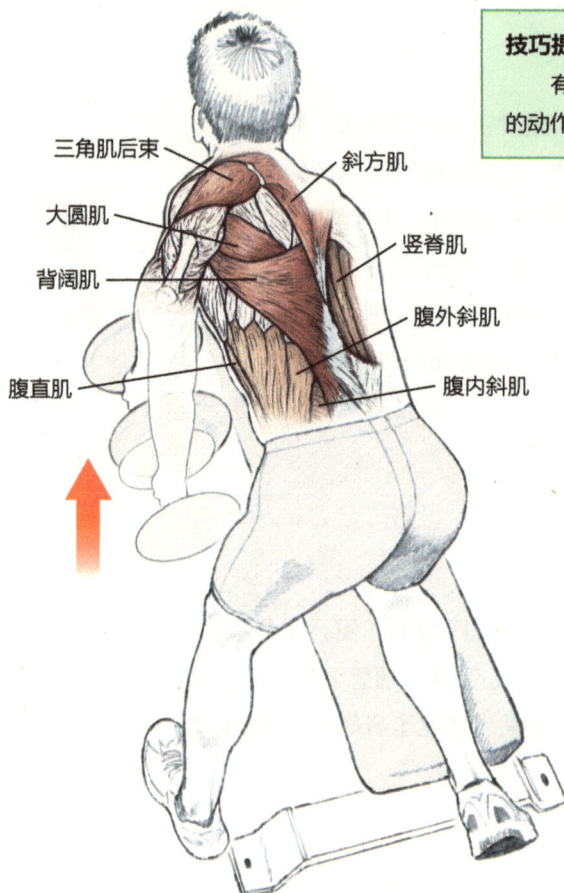

三角肌后束

斜方肌

大圆肌

竖脊肌

背阔肌

腹外斜肌

腹直肌

腹内斜肌

技巧提示

　有人把这个练习的动作比作锯木头的动作，供跑者参考。

执行步骤

1. 单腿跪在平凳上，并将同一侧的手（没有握哑铃的手）置于长凳上支撑身体。握哑铃的手垂放在长凳以下，手臂完全伸直。

2. 握住哑铃将其向上拉，直到手肘弯曲呈90度角。用上背部和肩部肌肉发起流畅连续的动作。划船动作时应呼气。

3. 沿着相同的轨迹缓慢地降低哑铃的高度。

136

参与的肌肉

主要肌群：背阔肌、大圆肌、三角肌后束、肱二头肌、斜方肌

辅助肌群：竖脊肌（髂肋肌、长肌、棘肌）、腹直肌、腹外斜肌、腹内斜肌

跑步要点

这个练习非常简单，而且有益于多个肌肉。因为可以使用相对较重的重量，所以能够获得较大的力量。强化斜方肌和三角肌将有助于维持头部的正确姿势及手臂的摆动。确切地说，这些肌肉群的力量能够在跑步过程中提升手臂摆动的力量，并在长时间的训练和比赛过程中抵御疲劳。当跑者参与特殊地形的赛跑时，还能帮助跑者维持良好的跑步模式。

这个练习的重点在于隔离了上背部和肩部肌肉，虽然腹部肌群也参与了身体的平衡，但重点在于背阔肌、斜方肌、三角肌和肱二头肌的作用。

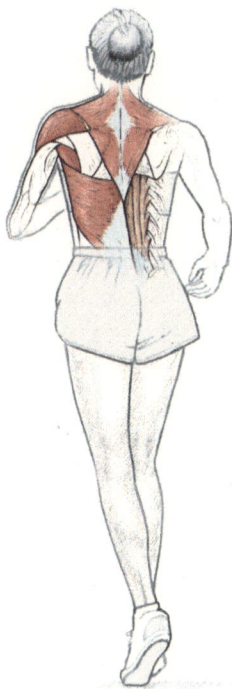

137

杠铃屈体划船

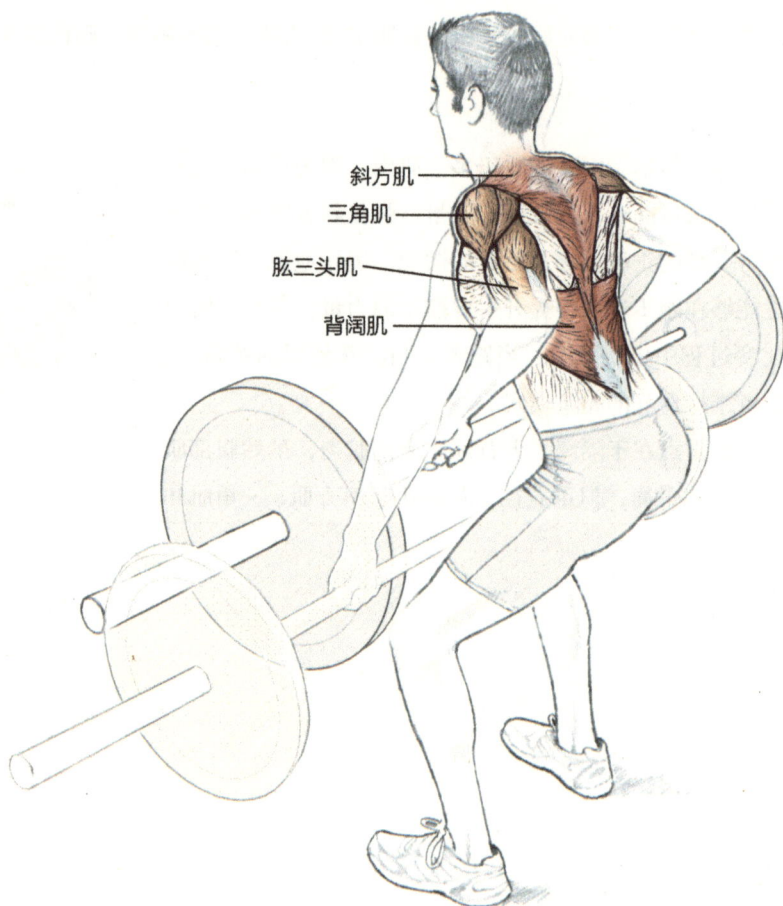

斜方肌
三角肌
肱三头肌
背阔肌

执行步骤

1. 站姿，腰部前倾，双腿分开与肩同宽，膝关节微弯，双臂下垂。双手自然地握住杠铃，间距与肩同宽。
2. 将杠铃拉到胸部，同时保持站立屈体姿势（躯干垂直于双腿），直至肘部与胸部平行。
3. 让杠铃回到起始姿势并重复动作。

参与的肌肉

主要肌群： 背阔肌、斜方肌
辅助肌群： 肱三头肌、三角肌

138

跑步要点

　　跑者常见的肌肉失衡现象主要发生于股四头肌群的4块肌肉，以及股四头肌群和股后肌群之间的肌肉，但更常见的是发生在双腿间。跑者上身肌肉失衡的问题通常不会在力量训练中被重视，因为这种失衡并不会直接影响跑步表现。但在跑步过程中，胸部"推"肌力量与背部"拉"肌的力量之间的失衡会严重影响跑步的步态，因为双腿在向前摆动的阶段，不管是向前倾的动作，或是前倾不足，都会改变股四头肌群抬腿的角度。因为过度前倾会造成抬腿角度不足，会减慢跑步的速度，特别是在加速训练时，还会影响呼吸效率。

　　由于步态周期中未达到最佳抬腿角度而导致速度下降时，跑者可以通过更快的动作来加以弥补。不过，这也引发了对有氧能力的需求，如果运动员的有氧体能低于标准，就会对他的跑步表现带来负面的影响。因此，跑步时的人体解剖结构就以这种方式对跑步表现产生了重要影响，尽管从整体体能的提升来看，人体解剖结构似乎只是扮演了次要的角色。具体地说，如果大肌群因接受相关训练（例如完成"推举运动"的胸肌）而被增强，那么主动肌（例如上背部肌肉）也必须得到同等的增强。

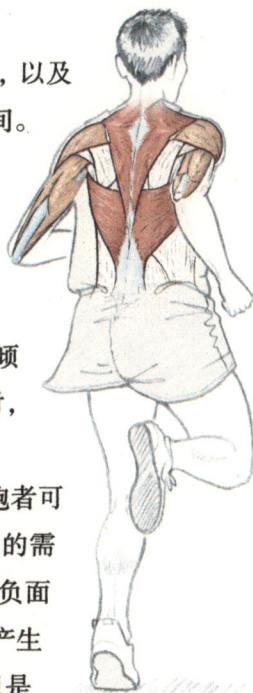

变体形式

宽握杠铃屈体划船

　　宽握法可以帮助跑者锻炼背阔肌的下部、中部和外侧；然而在这种情况下，该方法并不会改变主要肌群，改变的只是最受影响的部分肌肉。通常情况下，外侧背阔肌更需要像引体向上这样的"拉"背练习。有一些手臂较长的运动员比较喜欢用宽握方式，因为对他们来说，这个姿势比较自然。在练习过程中下腰背要保持自然的弯度。

139

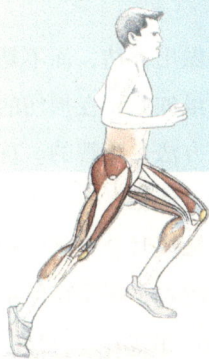

第 9 章

损伤预防

　　如果本书不能解决跑步过程中存在的潜在问题，那便是我们的过失。实际上，如果认为一个人在跑步时，不管效率高低，都不会遇到任何问题的想法过于天真。跑步中可能会遇到一些超出人类控制范围的问题，但有一些问题如果在长时间有目标的训练时深思熟虑，那么这些问题就可以避免。

　　如果你完成了本书所介绍的练习，那么分配给训练和跑步的时间都将会增加。但人们通常认为，每周增加的里程数或跑步时间不应超过10%。但是，如第2章所述，这条"规则"尚未得到证实。相反，它是由教练和跑者口口相传所总结出来的。尽管此规则不适用于训练计划的初始阶段，也就是每周少于16千米的阶段，但是通过像力量训练一样逐渐地增加训练量，有助于预防过度训练引起的损伤。

　　损伤最明显的警报信号就是疼痛。然而，它可能以各种形式出现，并且它通常不是发生在真正的源头，而是沿着动力链发生在解剖结构的某个薄弱部位。此外，疼痛并不总是代表身体出现了问题。例如，在艰苦训练期间出现不适，可能是因为跑步表现有了改善。经验丰富的跑者在训练结束后，应该学会将这些感觉与不会消失的疼痛进行区分。

　　当然，受伤可以由外部因素引起，例如所使用的跑步路面和跑者穿的衣服和跑鞋。跑步的路面很重要，因为跑者的脚落地时承受的力是体重的3~4倍，相比在更软的路面上落地，诸如沙子、坚硬的泥土、碎石，甚至是沥青，在混凝土表面上落地时对关节产生的影响更大。此外，太多跑者仅使用道路的一侧进行跑步，忘记了外倾角可以将自己朝向人行道倾斜，这可能导致骨盆倾斜以致腰部扭伤或踝关节韧带拉伤，以及髂胫束可能出现的拉伤。这些例子清楚地表明了跑步需要思考。例如，一双新跑鞋很容易让人心乱神迷，不过刚开始穿时，脚会磨出水泡，因为跑者没有花时间让双脚适应新鞋。记住，跑步时，身上所穿的鞋和衣服都必须适合自己。

造成损伤的原因可能很复杂，所以倘若出现疼痛等症状应该尽早做出评估，而不是等到训练结束再去咨询有专业资格的医生或是跑者自己随意评估。话虽如此，在损伤的早期阶段可以而且应该采取常识性的急救措施。遵循医生们会遵循的方法是明智的。首先，询问自己以下这些问题来记录受伤史：运动性损伤是突然发生的，还是在一系列跑步活动中累积而成的？它是否只发生在一个小区域，还是扩散更大？触摸时会有疼痛感吗？它会随着休息而消失吗？可以提出无数的问题，其目的在于帮助跑者了解受伤的细节。接下来应该观察损伤情况，观察可以辨别出的身体"异常"状态，例如，不对称、肿胀或变色。如有必要，也可以利用镜子自行检查。这一阶段的检查可以包括轻度触诊，然后利用被动和主动的方式来确认疼痛的部位，进行鉴别诊断——即在更可能和不太可能的原因之间进行选择。如果诊断正确，则可以开始进行适当的急救治疗；如果不正确，可以去就诊进行进一步的评估。如果要求进行测试，可以在等待测试结果的同时开始治疗；如果结果改变，则可以修正治疗方案。损伤的诊断和治疗应相互关联且相辅相成。换言之，无论哪一种方式，在过程中出现问题或没有达到预期的效果，都可以随时进行再次检查和重新评估。

常见的跑步损伤

最容易因跑步而受伤的身体部位是下腰背、腹股沟、腿部肌肉、膝关节和脚踝区域，以及足部。最容易受损的组织分别为骨骼、韧带、肌肉、肌腱和筋膜。下面介绍一些不错的应对策略。

当跑者过度拉伸关节与肌肉时，可能会发生典型的肌肉撕裂损伤，尤其在运动前未认真进行热身运动时，更容易发生这种情况。更具体地说，其病理就是肌肉里的血管超过了伸展限度，因拉扯而爆裂，该部位的血液随即涌出，只有通过对周围软组织施压（或用绷带缠住）才能止血。这种出血所产生的压力会导致软组织疼痛，是受伤的一个指标。

冰敷是另一种促进伤口愈合的处理方式，迅速在急性受伤部位（肌肉或其他）敷上冰袋来降低温度，能有效减缓伤势继续恶化。如果受伤部位的肿胀情形能有所改善，就能缩短受伤部位愈合的时间。此外，由于液体在组织中积累而导致的肿胀，不仅会造成较轻的损伤，而且还会保护受伤的身体部位，并试图治愈它。从这个角度来看，使用冰敷疗法是一个好办法，可以通过压迫血管和限制血液流动来限制肿胀。

　　据统计，跑者最常受伤的部位是背部和膝关节。跑者的背部疼痛通常位于腰部和骶部（图9.1）。这通常是由于重复训练，以及腰部缺乏或丧失灵活性而引起的。它可能与不良姿势，真正或人为的腿部长度差异，或突然转为山地训练有关。任何涉及下肢的疼痛，或与肢体麻木无力有关的疼痛，都可能预示着更严重的问题，如椎间盘脱垂，应立即寻求医疗救助。

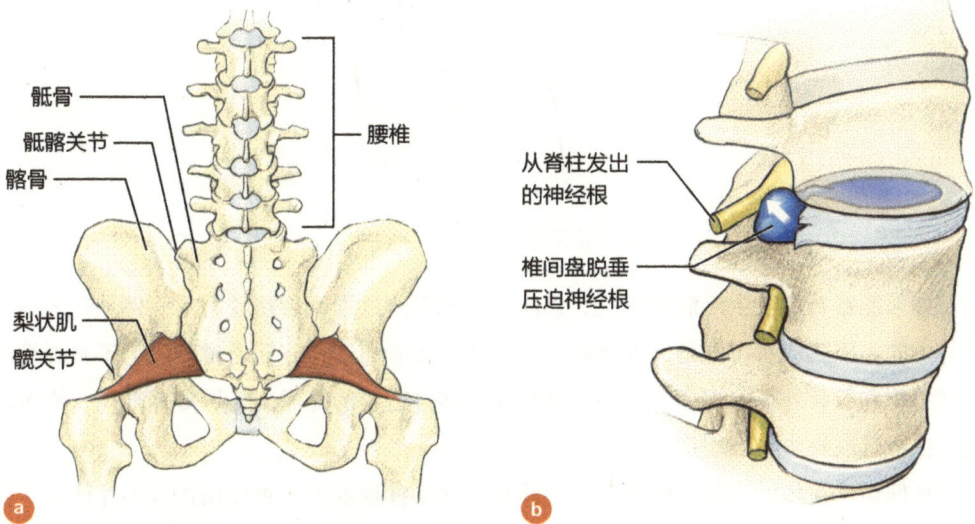

骶骨
骶髂关节
髂骨

腰椎

梨状肌
髋关节

从脊柱发出
的神经根

椎间盘脱垂
压迫神经根

图9.1　a.背部的腰部部位；b.椎骨

　　膝关节也是如此（图9.2）。如果损伤后关节肿胀或卡住不能动弹，特别是在发展迅速的情况下（超过几个小时），需要立即做出诊断。

　　传统观点认为，跑者的膝盖更容易产生髌骨疼痛，因为髌骨不能滑过股骨底部沟槽的中心。当股四头肌收缩时，髌骨会被横向拉伸并在股沟内扭转。外侧股四头肌的拉力可能被股内侧肌抵消，但只有当它得到充分的加强和发展时，它才能这样做，这就需要在膝关节锁定和伸展时进行练习。

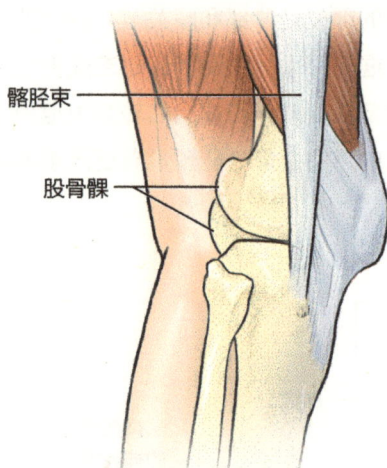

髂胫束

股骨髁

图9.2 膝关节

如果能够确定发生疼痛的部位，诊断损伤原因的过程就会比较简单。例如，大腿下部外侧的疼痛感最有可能是因为髂胫束综合征所致，而这种病症通常是因为不具弹性的结缔组织和股骨外踝摩擦所引起的。如果无法通过适当的练习来伸展疼痛部位，则可以通过换双鞋或鞋垫来舒缓痛感。

任何运动损伤的自我诊断都充满危险性。在某种程度上每种损伤都各不相同，它们都需要个人评估和调整。通过网络进行研究是理解损伤的合理方法，但不应该用于诊断损伤。本书旨在帮助跑者改善跑步状况，并非试图控制损伤。因此，我们希望跑者认识到自己的身体不只是一个运行状况良好的速度机器。像所有机器一样，它可能需要一些微调！

半月板撕裂

半月板撕裂是膝关节软垫软骨的损伤。C型内侧半月板（内侧）和外侧半月板（外侧）位于股骨下方，附着于胫骨顶部，胫骨是小腿的负重骨。半月板软骨不同于排列在股骨、胫骨和髌骨（膝盖骨）表面的关节软骨，当膝关节移动时，由滑膜液润滑的骨骼可以互相滑动。因此软骨撕裂指的是半月板，而骨关节炎指的是关节软骨。

半月板撕裂的患者通常有膝关节锁定的感觉。半月板撕裂的跑者经常抱怨膝关节周围，甚至膝关节后面紧绷或不稳定。身体检查应该包括半月板回旋挤压试验（McMurray test），即手动操控关节和支撑腿旋转或弯曲。虽然它没有提供最终的答案，但半月板回旋挤压试验可以提供初步的评估；诊断通常还包括核磁共振检查。

有些半月板撕裂是由创伤引起的（例如特定的打击或不合适的动作），有些则是由长期动作引起磨损或撕裂造成的。半月板损伤也有遗传因素。

半月板撕裂的治疗方法取决于撕裂的严重程度和位置、患者的年龄，以及康复后所需的运动量。例如，皮瓣撕裂比较容易通过关节镜修复；软骨瓣切除，完全恢复通常需要不到一个月的时间。一旦消肿，便可以开始运动。在继续跑步之前，应该进行物理治疗来加强髋部、股四头肌、腘绳肌和小腿的力量。

如果不能手术——由于受伤位置所限或撕裂程度——则应首先选择休息，因为经过休息，疼痛有可能会消退。如果事实证明休息并不能解决问题，那么就应该采用大量和适当的物理疗法来增强力量和柔韧性，以便恢复跑步。内侧半月板或外侧半月板外缘的小撕裂通常可以自行愈合；事实上，因其少有痛感和不适感，通常不易诊断。相比之下，较大的撕裂会引起明显的疼痛和不稳定，可能需要部分或全部半月板切除术——软骨切除。

膝骨关节炎

在运动过程中，身体的每个关节都会产生滑膜液，这是一种关节润滑剂，它可以减少摩擦，有助于减少关节退化，特别是在较老的关节中。然而，随着年龄的增长，膝关节周围的关节软骨（胫骨、股骨和髌骨）会因为站立、行走和跪坐等日常生活活动而开始磨损。因此，大多数70岁的老人的膝关节或其他关节常患有轻微骨关节炎。

有人说，跑步会加速膝骨关节炎的发生，但值得庆幸的是，这种说法已经被大多数业余跑者推翻了。事实上，根据美国的国家跑者健康研究（National Runners' Health Study）和国家步行者健康研究（National Walkers' Health Study）的结果，膝骨关节炎的主要决定因素是遗传因素和体重超标，而每周跑24~32千米这种轻度至中度的运动量，可能有助于维持软骨的完整性［P. T. Williams. Effects of Running and Walking on Osteoarthritis and Hip Replacement Risk. *Medicine & Science in Sports & Exercise*, 45(7) (2013): 1292–1297 ］。

避免骨关节炎的最好方法（即使你有遗传倾向）是通过适当的饮食和锻炼来保持适合身体健康的最低体重。骨关节炎的各种治疗方法都得到了推广——例如，辣椒素的应用、透明质酸注射、可的松注射和运动胶带。然而，软骨是无法被替代的，而且这些治疗方法并没有解决疼痛的根本原因——骨对骨的磨损——只是掩盖了疼痛。

人们普遍认为，做完膝关节手术，意味着10年内会出现骨关节炎。虽然这似乎是事实，但骨关节炎的严重程度则根据遗传成分、锻炼和身体质量指数（body mass index，BMI）的不同而不同。最终，对于跑者来说，避免或治疗骨关节炎的最好方法是坚持跑步。

跖骨痛

足部治疗也有助于减轻跖骨痛造成的足部疼痛。随着纵弓的下降（称为扁平足或平足），这种剧烈的疼痛可能是由于足部某一特定骨骼的持续落地，或周围韧带的拉伸造成的。然而，通过对足部内附肌的锻炼，可以为足弓提供适当的支撑，疼痛可以迅速消失（见第4章）。

应力性骨折

与骨骼相关的疼痛比来自软组织的疼痛更深，也更持久。骨骼疼痛的一个特别重要的原因是所谓的"应力性骨折"。跑者最常见的应力性骨折部位是胫骨和腓骨，如图9.3所示。这种类型的骨折可与金属疲劳或瓷杯中的裂纹相比较。骨折无疑是存在的，但由于表面张力和软组织的结合，相反的表面会保持在一起。

这种损伤的特征是随着跑步距离的增加而出现"渐强"的疼痛感。最常见（但并非唯一）的表现是，它会影响小腿或脚，而且跑步结束时疼痛会消失。在下一次跑步中，痛感开始得更早更强烈。如果忽视了这个症状，则有可能会发展成完全的骨折，任何骨折都有可能导致残疾，而且至少需要两倍于应力性骨折的时间才能愈合。因此，任何有这些症状的跑者如果怀疑是应力性骨折，强烈建议立即停止跑步，并寻求明确的诊断，包括x光、扫描，或者最好两者都做。

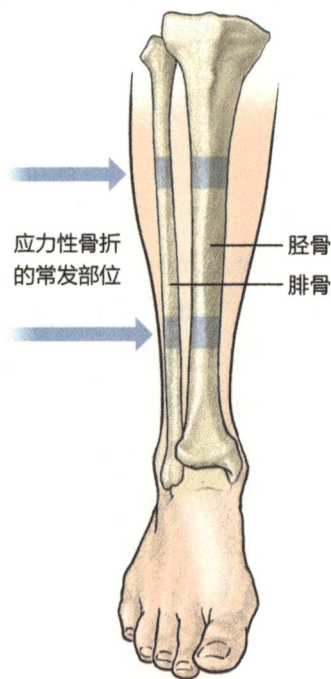

应力性骨折的常发部位

胫骨
腓骨

图9.3 胫骨和腓骨应力性骨折的常发部位

足底筋膜炎

足底筋膜炎是一种非常痛苦的疾病，经常会导致根本无法跑步。这片纤维组织从跖骨顶端到插入的跟骨（紧挨着跟腱；图9.4）之间延伸。脚跟是它最薄弱的部分，所以最容易出现损伤。若患有此病，患者的脚跟底部被轻触时会退缩。如果本章所述的练习无效，那么采用类固醇注射可以产生一定的治疗效果。然而，一个更好的长期解决方案在于寻找损伤发生的原因，并加以解决。

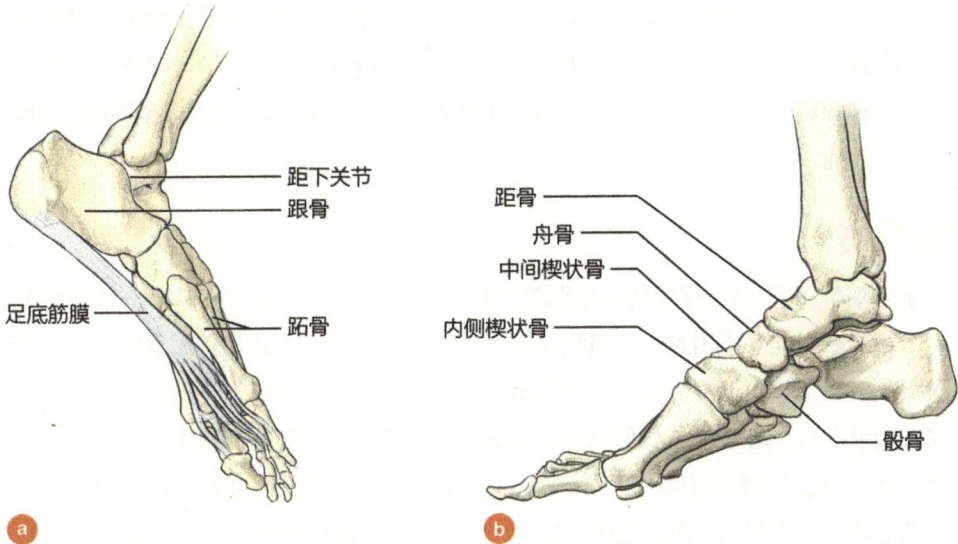

图9.4 足部：a.显示足底筋膜的下侧；b.内侧

为什么会发生足底筋膜炎呢？像许多跑步损伤一样，它的发生是由于一些非常具体和非常普遍的原因。并不是每个跑者都因为同样的原因遭受足底筋膜炎的折磨，但他们都承受着同样的痛苦。例如，有些跑者会在高足弓的情况下穿低弓的稳定鞋。足弓高度与足弓支撑力的差异，使得足底筋膜塌陷或伸展到空腔内，从而导致筋膜轻微撕裂，或将筋膜从所插入跟骨的底部拉出。另一个例子是，小腿肌肉长期紧绷的跑者可能会发展成足底筋膜炎，因为小腿肌肉的紧绷会拉紧足底筋膜所附着的跟腱，这反过来又会导致踝关节失去背屈的能力。不能背屈则会导致足底筋膜收紧并发炎。

总之，可能导致足底筋膜炎的原因实际上有很多种。而相比之下，治疗方案相当有限——而且并不总是有效。可的松注射可能有效，但是如果筋膜延伸到脚跟，应该在哪里进行确切的注射呢？另一种治疗方法是用夜间固定夹来拉伸小腿肌肉；然而，由于成年人的小腿肌肉和跟腱不能直接连接到足底筋膜，因而这种方法也不能保证有效治疗。添加足弓支撑可能也有道理，但是添加足弓支撑的形状是否正确，它是否会改变足部的自然生物力学机制呢？

因此，解决足底筋膜炎最明智的方法是伸展和加强整个足部、脚踝和小腿。理想情况下，将脚放在一个硬橡胶球、高尔夫球或另一个密度足够大的圆形表面上，可能会消除一些筋膜粘连，是开始恢复损伤的好方法。此外，第4章中包含的一些练习（例如脚跟抬起和脚踝负重背屈）有助于拉伸和加强足底筋膜，希望可以让跑步运动员在跑步时不会感到疼痛。

跟腱损伤

如果跟腱（图9.5）或任何其他肌腱受伤，那么这种组织的血液供应不足会延迟愈合。尽管诊断可能并不困难——肌腱局部变得脆弱和僵硬，尤其是在无意中过度拉伸的情况下——但是关于治疗方案的争论仍然很多。目前的观点倾向于一种方案，即过度伸展和开始愈合后离心收缩（如果肌肉或肌腱已经被拉伸到微撕裂的程度，则立即拉伸并不是个好主意）。这种拉伸需要不断重复，甚至在治愈之后仍需进行，以防止复发。拉伸运动应该是不舒服的，而不是痛苦的，这样才会有价值；同时拉伸应该持续15~30秒，并且不要以不稳定的姿势来进行（例如单腿站立时进行股四头肌拉伸）。

主动放松术

目前，对于软组织损伤的跑者来说，最成功的治疗方法是使用主动放松术（Active Release Techniques，ART）。顾名思义，主动放松术的前提是通过主动技术操控软组织，使其发挥应有的功能，而不会受到疤痕组织或筋膜粘连的损害。主动放松术是去除肌肉骨骼问题中疤痕组织粘连最有效的方法。这种粘连减少了肌肉的力量产生，从而使其功能减弱，减少了关节的活动范围。主动放松术通过对单个肌肉或相邻解剖结构之间的压迫和特定张力的结合方式消除了疤痕组织的粘连。

比目鱼肌

趾长屈肌腱鞘

胫骨后肌腱鞘

内踝皮下囊

踇长伸肌腱鞘

胫骨前肌腱鞘

腓肠肌

踇长屈肌腱鞘

跟腱

腱下囊

皮下囊

跟骨

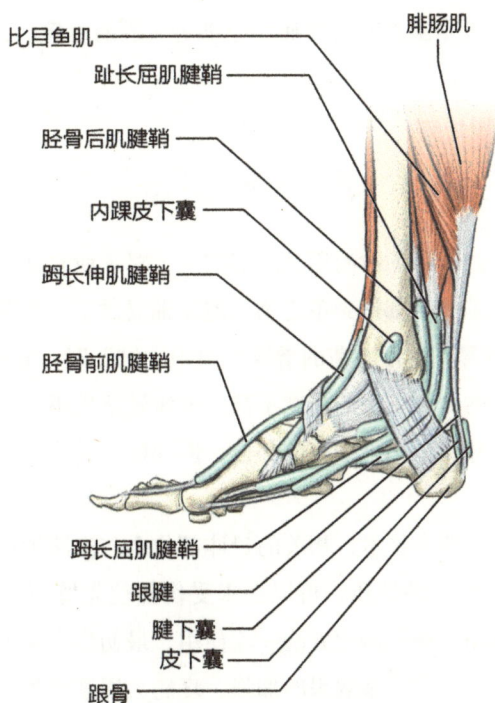

图9.5 小腿与足部的肌腱、骨骼和肌肉

　　为了说明这一点，我们以腰大肌为例。腰大肌是最重要的髋屈肌，也是跑步损伤中与髋部有关的最常见的肌肉。如果腰大肌损伤，运动员的步态可能表现为功能性减弱，髋关节伸展减少。对腰大肌进行主动放松术治疗时，病人侧卧，上侧膝关节弯曲。当治疗师对粘连实施接触张力时，病人主动伸直腿部以伸展臀部。发达的末端张力断裂消除粘连，在此期间病人和治疗者都感觉到释放。根据问题的严重程度，可以得到即时的结果，从而解决了复合关节强度和运动范围不足的问题。

格拉斯顿术（Graston Technique）

　　格拉斯顿术（Graston Technique）是另一种消除筋膜粘连和疤痕组织的方法，这些问题会使软组织自然功能受损。这项技术与主动放松术之间的不同之处，在于它依赖于金属工具而非治疗师的双手，因此，它被归类为仪器辅助软组织修复（instrument-assisted soft tissue mobilization，IASTM）治疗法。它的根源可以追溯到中国古代的刮痧技术。当格拉斯顿（Graston）器械在目标软组织上摩擦时，患者会感到不适。通常情况下，由于血液会流向治疗后的组织，治疗部位会立即变色，但这种效果不应该与引起瘀痕的毛细血管破裂相混淆。摩擦技术虽然时有疼痛，但都是浅表的疼痛，在48~72小时内就会恢复正常肤色。

泡沫轴滚压

泡沫轴滚压已成为跑步界的时尚用品。事实上，对于所有认真的跑者以及那些想认真跑步的人来说，泡沫轴似乎都是必备之物。泡沫轴提供了一个坚实的平台，可以在上面摩擦大的肌肉群。当需要治疗所谓的增厚软组织"结"时，它们通常就会派上用场。不幸的是，由于所需要的力和方法的精度不高，泡沫轴滚压不能完全修复肌肉或细小的筋膜粘连。扳机点按压球更适用于细小的部位，但同样，其所产生的压力也不足以明显缓解受伤部位。

泡沫轴滚压也是一种热身技术，相关的身体部位会与泡沫轴接触，以让血液流向目标区域。如果你想尝试泡沫轴滚压，可以在未受伤部位先练习，以感受操作技术。如果将泡沫轴滚压与其他损伤修复治疗方法一起使用，最初会产生不适感；随着压力的增加，疼痛会相应增加，但随着按摩效果的加强，疼痛会逐渐消失。就像生活中的大多数事情一样，经验和实践是不可替代的。

具体的训练指南

进行拉伸运动之前，应先利用低强度的步行或跑步进行热身（如果损伤程度允许）。如果跑者是为了治疗紧绷的髂胫束，则不应该进行跑步，而应采用步行或是其他腿部运动10分钟来增强血液流动。

治疗跑步损伤的技术不胜枚举，实施的方式也各不相同。例如，关于跑步训练中拉伸的作用就有非常广泛的辩论，在众多问题中，大多数跑者会问专家关于拉伸的频率、哪个身体部位应该拉伸、拉伸持续多久等问题。由于本书的重点在于强调人体的解剖结构与力量训练，因此，有关这些主题的深入调查就留给你来完成吧！书中已经提供了最佳的实践方式，不过，我们同样也深信，你能自己掌控跑步训练体系。切记，按照书中介绍的力量训练与康复练习进行训练，再加上自身已经证实的有效经验进行补充。

髂胫束伸展

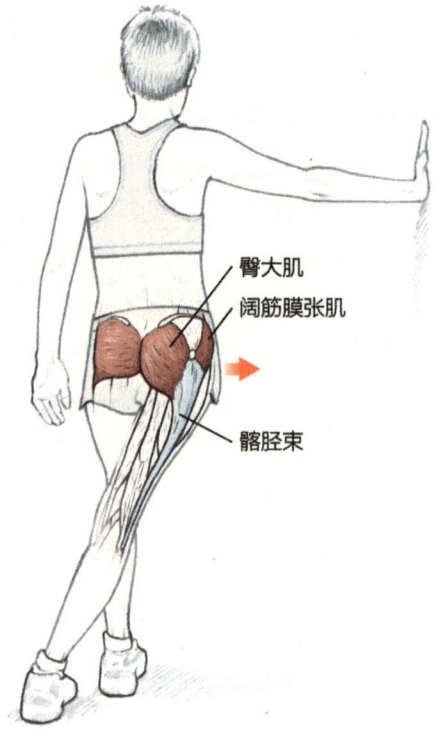

臀大肌

阔筋膜张肌

髂胫束

站姿

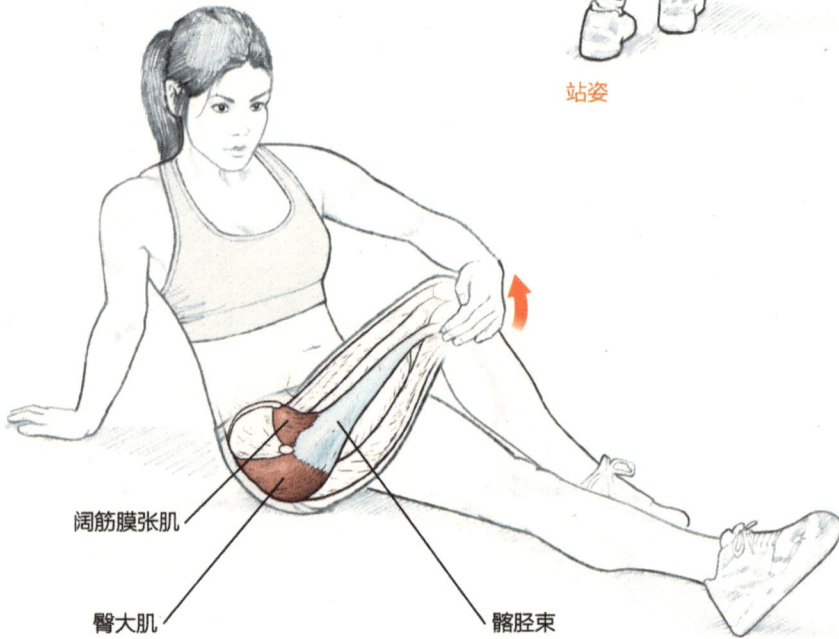

阔筋膜张肌

臀大肌

髂胫束

坐姿

152

站姿髂胫束拉伸的执行步骤

1. 侧身站在墙壁旁边，然后将靠外侧的腿置于内侧腿（靠近墙边的腿）的前方，单手抵墙作为支撑。

2. 靠内侧的臀部朝墙壁倾斜并尽可能地碰触墙壁，此时双脚平放在地面上。

3. 维持静态拉伸姿势15~30秒，重复多次之后交换双腿位置继续运动。

坐姿髂胫束拉伸的执行步骤

1. 坐在地面上，伸直一条腿，另一条腿跨过其膝盖并拱起，确保脚掌平贴地面。直腿侧的手负责支撑膝关节。

2. 向直腿侧腋窝方向轻轻按压拱起的膝盖外侧。

3. 维持静态拉伸姿势15~30秒，重复多次之后换腿继续运动。

参与的肌肉

主要肌群：臀大肌和阔筋膜张肌

参与的软组织

主要部位：髂胫束

跑步要点

髂胫束紧绷通常是因为旋后所引起的，而非过度旋前；而足部内翻会导致小腿肌肉拉紧、膝盖侧面疼痛及髂胫束紧绷。即使是旋前肌群，经过稳定跑鞋或矫正器过度矫正后，在旋前不足的状态之下也容易出现这个问题。髂胫束属于很厚的软组织，附着在股骨上踝外侧，跑者无论是采用站姿或坐姿伸展，都能预防其因摩擦而出现问题。这种拉伸可以每天反复进行。

本体感受站姿平衡

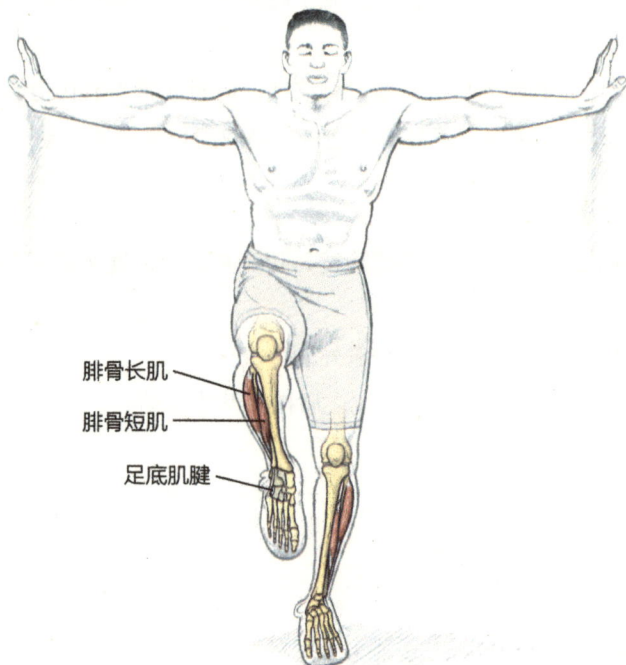

腓骨长肌
腓骨短肌
足底肌腱

执行步骤

1. 站在两面墙的中间。伸直双臂与肩膀呈一条直线来保持平衡，除非为了防止跌倒，否则不要利用墙壁来保持平衡。

2. 单膝抬高至髋部高度，呈90度直角，胫骨与股骨垂直，闭上双眼。

3. 维持这个姿势15~30秒，将腿放下，然后换另一边腿进行该运动。重复多次。

参与的肌肉

主要肌群：腓骨长肌和腓骨短肌

参与的软组织

主要部位：足底肌腱

跑步要点

这个练习需要运用神经肌肉成分及人体的生理机能。虽然在练习过程中，需要花一点时间才能形成身体的平衡，不过，由于小腿和足部也寻求身体的平衡，因此即使无法立即形成平衡，这个练习仍然会产生非常好的效果。

154

站姿小腿伸展

技巧提示
　　避免产生弹跳动作及过度强调跟腱。

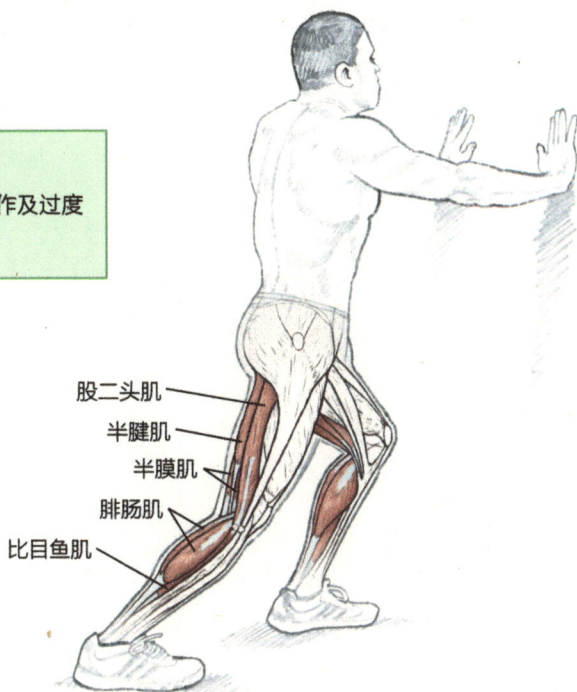

股二头肌
半腱肌
半膜肌
腓肠肌
比目鱼肌

执行步骤

1. 面对墙壁站立，单腿向后方伸展，脚掌平放在地面上。弯曲另一条腿，脚掌也平放在髋部正下方的地面上。双臂向前伸直，与胸部的上半部齐高，并且间距与肩同宽，双手置于墙上。

2. 双手轻轻地压向墙壁，伸展腿慢慢用脚跟压地，感受腓肠肌的拉伸。

3. 维持静态拉伸15~30秒，多次重复，然后换另一侧进行练习。每次重复后交换双腿轮流练习。

参与的肌肉

　　主要肌群：腓肠肌、比目鱼肌、腘绳肌（半腱肌、半膜肌、股二头肌）

跑步要点

　　正常内旋或内旋不足的跑者，经常会遭受小腿紧绷的痛苦。这种拉伸有助于减轻小腿慢性损伤所致的疼痛感，也有助于通过保持肌肉柔韧性来防止小腿受伤。

站姿离心提踵

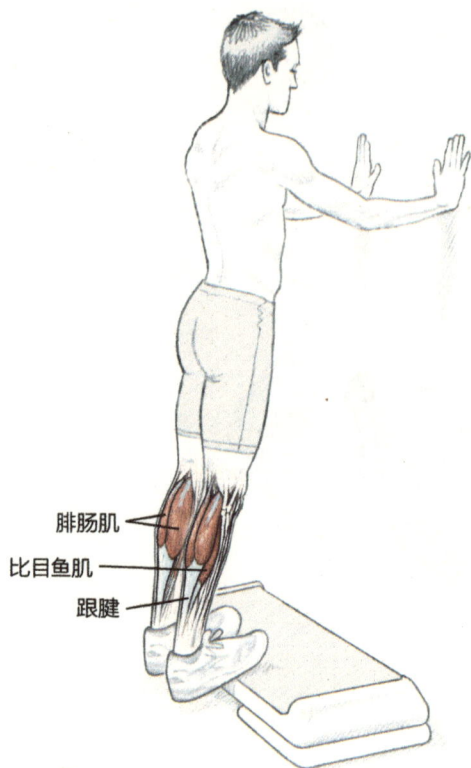

腓肠肌
比目鱼肌
跟腱

初始位置

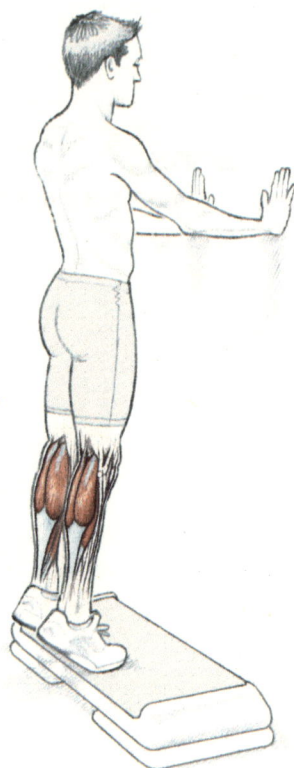

结束位置

技巧提示

足部不要用力背屈，这样会对跟腱产生过大的压力。

执行步骤

1. 双脚站在台阶上，脚跟悬空在台阶外。双手抵住前面的墙壁。

2. 双脚跖骨头端向上抬起，并且完全伸展（跖屈）。

3. 慢慢地放下，直到双脚完全伸展（背屈）。

参与的肌肉

主要肌群： 腓肠肌和比目鱼肌

参与的软组织

主要部位： 跟腱

跑步要点

　　这个练习能在跖屈的过程中促使小腿肌肉产生向心收缩运动（缩短肌肉的长度）；而在背屈时，肌肉则会产生离心收缩运动（拉长肌肉的长度）。正如第4章所述，针对小腿与跟腱加入离心或向心运动能增加这个练习的价值。研究报告显示，在运动过程中，加入离心运动能缩短伤势恢复所需的时间。

坐姿直腿伸展

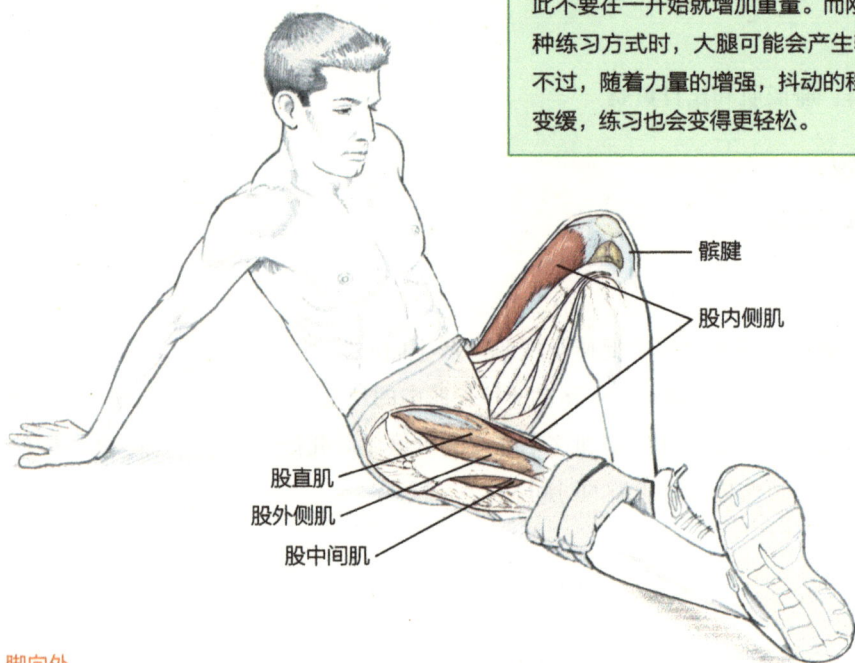

髌腱

股内侧肌

股直肌

股外侧肌

股中间肌

脚向外

脚平直

脚向内

158

执行步骤

1. 坐在地面上，手臂放在身后以支撑身体，一条腿伸直。在早期阶段，不要在参与锻炼的腿上加重物；随着练习越来越熟练，可以逐渐增加4.5千克重量，以改善小腿力量。

2. 脚向外转，慢慢抬起腿，保持伸直，但膝关节不要过度伸展，直到离地不超过15厘米。保持10秒，然后，同样缓慢地降低脚踝放到地面上，休息。

3. 每只脚3种姿势各重复练习10次（一共30次）。脚部姿势的变化能均匀练习股四头肌的肌肉。

参与的肌肉

主要肌群： 股内侧肌

辅助肌群： 股直肌、股中间肌、股外侧肌

参与的软组织

主要部位： 内侧副韧带和髌腱

跑步要点

如果运动医生因为膝盖疼痛禁止跑者跑步，那么估计也没有人上医院看病了。遗憾的是很多教练过度关心股四头肌群的整体发展情况，而疏于探究股内侧肌对稳定膝关节和预防髌股关节疼痛的重要性。这项练习提供了增加肌肉力量和爆发力的最佳方法，能防止前膝疼痛。

膝－胸伸展

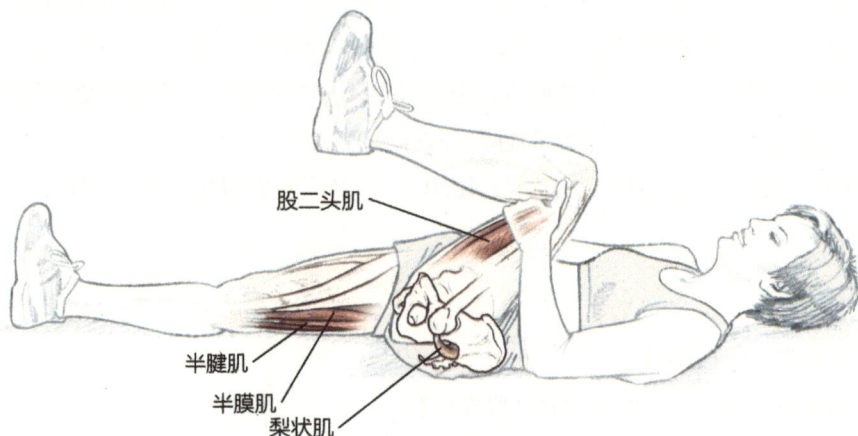

股二头肌

半腱肌

半膜肌

梨状肌

执行步骤

1. 舒适地在地面上躺好。

2. 利用股四头肌群的力量抬高膝盖，并屈膝呈90度角，接着双手抓住膝盖后方，将膝盖往胸部方向拉，如此一来，背部下半部与臀部上半部会感受到拉力。此时，抵抗另一边髋部所产生的力量让髋部紧贴于地面。

3. 维持这个姿势15~30秒，重复练习不超过5次；然后换另一条腿进行练习。每天可以进行2~3回合。

参与的肌肉

主要肌群：腘绳肌（半腱肌、半膜肌、股二头肌）

辅助肌群：梨状肌、竖脊肌（髂肋肌、长肌、棘肌）

跑步要点

跑者经常等感到下腰背疼痛后才意识到下腰背也是构成跑步姿势的重要元素之一，此时纠正也许迟了一点。这个练习及接下来的练习都能提供下腰背所需的柔韧性和力量，尤其是在上下坡时特别有益。当背部能够适应不同的坡度变化时，髋部及下腰背柔韧性的提升就能拉长跑步的步幅，就像所有的拉伸练习一样，最终目标都是在没有疼痛的情况下克服任何身体的不适。

推墙

腓肠肌
胫骨前肌
比目鱼肌

执行步骤

1. 站在距离墙壁约45厘米的地方，双脚分开与肩同宽，脚趾朝向内侧。
2. 将骨盆压向墙壁，并适度调整身体与墙壁之间的距离及脚趾的角度，让比目鱼肌进行最佳拉伸。脚跟紧贴地面。
3. 维持拉伸姿势15~30秒，然后重复动作。

参与的肌肉

主要肌群：比目鱼肌、腓肠肌和胫骨前肌

跑步要点

　　胫部疼痛或小腿前半部大面积疼痛的原因，都可能和软组织或骨骼有关（特别是胫骨）。这两个问题往往是因为过度内旋所致；然而，软组织变化一般与足弓水平外展有关。这个练习能有效防止腓肠肌前半部分的肌肉产生疼痛，并适合每天进行多次练习，规律练习的效果更佳。

踝关节跖屈

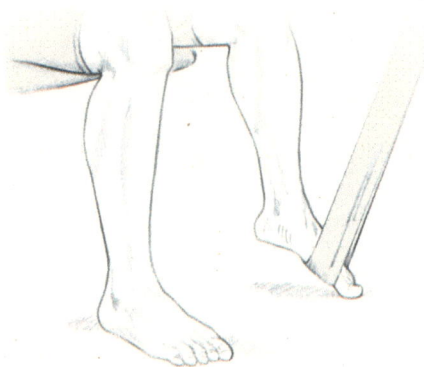

有弹力带

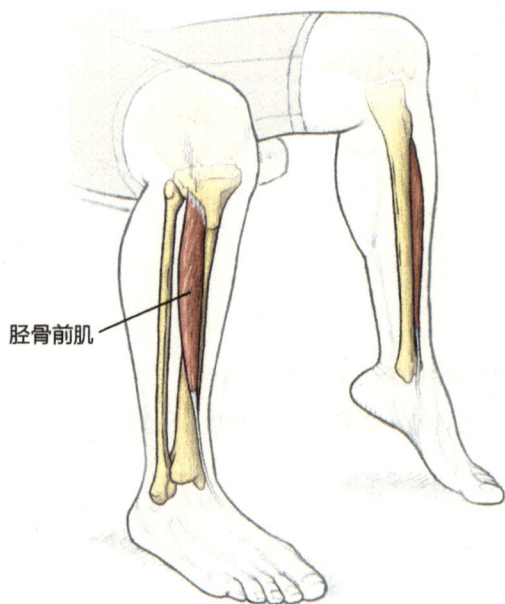

胫骨前肌

执行步骤

1. 身体挺直舒适地坐在有坚硬靠背的椅子上。开始时，锻炼腿的脚平放在地面上，膝关节弯曲呈45度角左右，并视椅子的高度适度调整姿势。抬起脚跟离开地面，脚内翻后将趾尖向下点，像芭蕾舞的动作。维持这个姿势约15秒，接着重复10次，双脚每天练习2~3回合。

2. 准备一张椅子，放好位置，然后将一条弹力带固定在墙上一个无法移动的物体上。以步骤1同样的姿势坐在椅子上，然后将弹力带环绕住足弓部位，并让脚尽可能地远离墙壁。利用弹力带产生阻力，并尽可能地向后拉，阻止脚内翻，这个动作能增强胫骨前肌。维持这个姿势15秒，然后重复10次，双脚每天练习2~3回合。

参与的肌肉

主要肌群：胫骨前肌

跑步要点

胫骨前肌的重要性在于提供脚踝与双脚所需的柔韧性。因为胫骨前肌负责调整脚和腿部的姿势，当跑者在不平坦的路面上跑步时，胫骨前肌能提高稳定性。在长距离的山坡路或高低起伏的路面跑步时，胫骨前肌都是处于频繁运动的状态，倘若没有多加训练胫骨前肌，很快就会疲劳，并且因此造成跑步速度变慢，也会增加脚踝扭伤的风险。然而，当胫骨前肌得以加强时，它能有效地限制双脚内翻和外翻的幅度。

滚球

执行步骤

1. 双臂垂于身体两侧，保持良好的身体平衡站好。用一只脚用力压住一个长曲棍球（如果需要的话，可以用高尔夫球来代替，精确度更好）。

2. 在脚下滚球，可以向前、向后、向左或向右滚动。重点锻炼跖骨顶端的足弓部位，特别注意脚跟。

3. 每只脚滚球30秒，换脚。

参与的肌肉

主要部位：足底筋膜

跑步要点

　　足底筋膜炎和这种特殊的康复练习在本章前面都有介绍。如果你有足底筋膜炎，或者在睡醒后开始站立或走路时感到足弓

足底筋膜

发紧或脚跟疼痛，也可尝试滚球，以进行康复前练习。 使用高尔夫球可以让你更精确地对准足底筋膜区域，但高尔夫球比长曲棍球更容易从脚底滑出。这个练习最大的好处之一，就是你可以自己通过增加或减少压住球的重量来控制施加在脚上的压力。

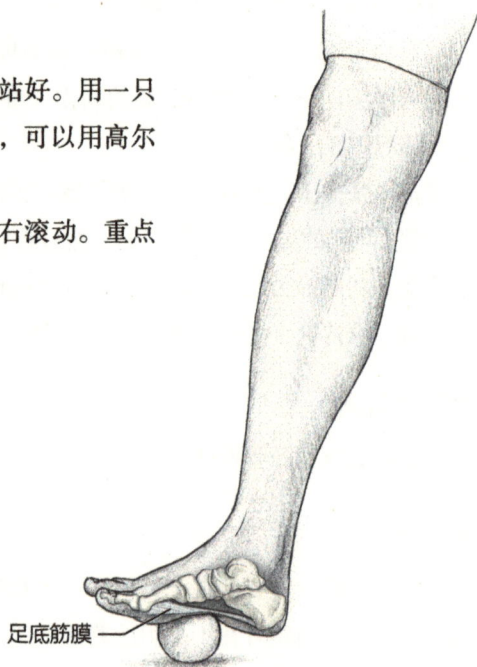

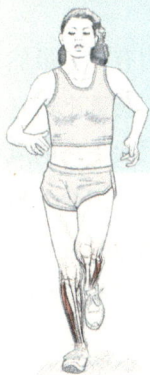

第10章

替代性训练活动

第4章到第8章讲述了力量训练和适当的阻抗训练对特定解剖部分的影响。本章涵盖了非传统形式的跑步训练，进一步补充了前几章详细介绍的力量训练。具体来说，本章旨在探讨能够用于提高跑者表现的训练工具，包括水中跑步、反重力跑步机，以及高原训练。这些替代形式的跑步训练可以从两个方面迅速提高跑步表现：减少损伤风险和提高有氧能力。

水中跑步和反重力跑步机跑步减少了重复的、高冲击力跑步动作对肌肉骨骼系统造成的伤害。如果你用这两种方法中的任何一种来代替陆地跑步，你就可以在不减损心肺刺激的情况下，避免身体承受数不清的力量，从而帮助你承受跑步距离累积对身体所产生的冲击。这些类型的训练也可以提高跑步的效率，并有助于修复损伤。

在高原训练可以有效提升跑者的有氧能力。将这些运动纳入训练计划，可以增加跑者血液中的红细胞数量，并让更多的氧气通过毛细血管输送到肌肉之中。

水中跑步

大多数跑者在受伤后，不能进行陆地跑步时，都被建议进行水中跑步运动，并将其作为一种康复工具以保持心肺适能。然而，跑者不应该就此认定损伤康复是水中训练所提供的唯一好处。相反，水中跑步——特别是深水跑步（deep-water running，DWR）——提供了一个很好的方法，能防止与大量高强度有氧跑步训练有关的过度使用性损伤。此外，在水中跑步的阻力是传统跑步训练中不存在的阻抗训练元素。

深水跑步的另一种替换形式是浅水跑步，但其效益往往与形式及爆发力有关。虽然这些要素的提升很重要，但却是有代价的，因为浅水跑步需要接触池底；换言之，它包含了冲击力成分。因此，浅水跑步可能对正在恢复小腿损伤的跑者带来二次损伤的风险。更重要的是，由于涉及足部跖骨，浅水跑步更容易达到平衡和动作形式，因此，与深水跑步相比，它调动的核心肌肉比深水跑步要少。此外，浅水跑步在脚触地时会产生一个休息期，而深水跑步不存在这个情况。因此，为了达到我们的目的，所有与水相关的训练都以深水跑步为主。

在完成深水跑步练习时，适当的身体定位非常重要（图10.1）。水的深度应该足以覆盖身体的大部分。只有肩部、颈部和头部露出水面。脚不应该碰到池底。此外，跑者往往比游泳者有更多的去脂体重，这使他们不太容易上浮，因此，有必要选用漂浮装置。如果没有穿戴漂浮装置，则身体位置可能会受到影响，这时会更强调上半身和手臂肌肉的力量，以保持身体漂浮。

身体一旦顺利在水中漂浮，便可模仿在陆地上跑步的姿势（深水跑步中错误的身体姿势，图10.2）。具体来说，一个正确的姿势，头部要摆正，腰部微微前倾，并且挺起胸部，然后肩部后拉而不要向前转动。同时，手肘弯曲呈90度角，由肩部带动手臂运动。此时，手腕应该保持自然，双手不要紧握，但要比陆地跑步握得更紧才能够抵抗水中阻力向前移动。通过手腕

图10.1 深水跑步的正确身体姿势

弯举与反向弯举练习所获得的力量（请参考第7章），可以让深水运动保持正确的姿势。

在深水中跑步时，腿部动作更类似于快速跑步，而不是类似于普通的有氧跑步，这样才能克服水的密度造成的阻力。跑步时膝盖应该向上运动，并和髋部形成约75度角。然后，腿向下运动，接近完全伸展的姿势（避免过度伸展），再向上拉到臀部下方，然后另一条腿重复这一过程。

在深水跑步的步态周期方面，当膝盖向上运动时，平直的脚底会跟着弯曲成65度角的跖屈（脚趾朝下）。当脚部施力抵抗阻力时，除了要熟悉跑步的力学机制形式，还需要克服水中的阻力，进一步增强关节稳定性和肌肉力量。

由于不自然的训练环境，以及手臂和腿运动时产生的阻力，在开始深水跑步训练计划时，跑者的姿势常常会出现偏差。具体来说，通常是用前腿做一种撑杆式动作，而不是第1章中所示的B动作。这个错误是由于水的阻力造成了腘绳肌疲劳。矫正错误动作的最好方法是一旦身体感到疲劳就立刻休息，不要执意完成规定的训练时间。不要尝试强迫完成训练。你并不会因此得到锻炼，反而会形成不良的跑步姿势。

图10.3所示的深水跑步形式与陆地跑步形式最为相似。这是一种在深水训练中促进正确跑步形式的最佳技术。高抬膝的替代方案确实存在（图10.4），但它在模拟正确跑步形式的细微差别方面效果较差。相反，它更类似于在阶梯运动器械上所使用的形式。除了抬高阶段，几乎没有跑步动作，因此几乎没有肌肉参与这项运动。

图10.2 深水跑步的错误身体姿势　　**图10.3** 深水跑步——传统形式

深水跑步有一定的效果，因为它与陆地跑步一样，都会让心率加快。此外，由于阻力的物理特性，它需要动用更多的肌肉。因此，相比陆地跑步，这项训练能增强更多的肌肉，并且没有相应的过度使用损伤风险。
具体来说，它消除了在非深水跑步过程中产
生的数千次足部撞击。

　　深水跑步可以很容易地集成到跑步训练
中，并将其作为有氧跑步、乳酸阈值训练或
最大摄氧量训练或补充训练的替代方案。在
深水运动的过程中，由于跑者可以轻易通过
加快或减慢双腿运动来控制运动的配速，因
此，很容易根据心率和意识来调整用力程度。
相关研究发现，跑者在水中跑步时的心率大
概会比陆地跑步减慢10%，即当跑者在水中
跑步时，如果心跳数每分钟为150次，相当
于以每分钟165次的心跳数在陆地跑步。此
外，在水中感知强度更大，因为更大的肌肉
群会联合运动，而且大多数泳池中的水温比
较温暖。

图10.4　深水跑步——高抬膝形式

　　大部分跑者会觉得在水中持续跑步1个
小时非常无聊，所以建议跑者只要在深水中持续跑步50分钟即可，这样就可以作为陆
地轻松跑的替代方案。深水跑步训练的重点应该放在法特莱克（Fartlek）训练法和间歇
训练上；此外，由于不接触地面而没有地面冲击力，在规定的一周内可以进行多次类似
于陆地加速的训练。以下给出了两个深水跑步训练的例子。

乳酸阈值训练

　　这个运动的目的是提高血乳酸的累积量。跑者会发现每次重复运动后，肌肉会更容
易疲劳，那是因为肌肉没有办法在1分钟的休息时间内马上恢复。因此，这个训练有一
定的难度，不能将其作为真正的速度训练。

　　热身阶段：15分钟水中轻松跑，然后模拟5千米赛跑的配速：每次30秒，共4次。

　　模拟10千米赛跑的配速：每次10分钟，共2次，再以康复慢跑的配速在水中跑1分钟。

　　模拟10千米赛跑的配速：每次15分钟，共1次，再以康复慢跑的配速在水中跑1分钟。

　　放松阶段：以轻松跑的配速在水中跑10分钟。

最大摄氧量训练范例

该项训练的目标是在水中模拟 5 千米赛跑。由于在水中跑步时很难完全模拟陆地跑步的配速，因此这个运动的重点在于感知强度。为了实现这个目的，跑者也可以利用心率当作指标，如果跑者做过乳酸阈值测试而且带有防水心率检测器，了解自己的训练测试值范围，就可以在水中成功模拟陆地跑步的确切强度。每次重复运动时，中间必须要进行适时休息，才能够确保自己以正确的形式完成运动。同时，和陆地跑步相同的是，身体姿势是影响深水跑步效率的重要因素，正确的身体姿势能够提升训练的整体效果。对于一个受过训练的跑者来说，这种形式属于中等强度的运动，而新手跑者则会认为这个运动具有难度。

热身阶段：15 分钟水中轻松跑，然后模拟 5 千米赛跑的配速完成每次 30 秒，共 4 次。

模拟 5 千米赛跑的配速：每次 2 分钟，共 5 次，然后以康复慢跑的配速在水中跑 2 分钟。

模拟 5 千米赛跑的配速：每次 3 分钟，共 3 次，然后以康复慢跑的配速在水中跑 3 分钟。

模拟 5 千米赛跑的配速：每次 2 分钟，共 3 次，然后以康复慢跑的配速在水中跑 2 分钟。

恢复阶段：以轻松跑的配速在水中跑 10 分钟。

反重力跑步机

反重力跑步机借助一个充气的"袋子"将跑者的腿包裹起来，卸载一定比例的体重以"减轻"跑者的重量。减重的程度可以调整，以适应对受伤的顾虑，或让跑者跑得比平常更快。这一过程会促进神经系统的变化和心血管的适应能力，这些能力通常不会在缓慢、传统的陆地训练中得到提高。

例如，训练有素的跑者可能会进行陆基跑道间歇训练，如下：

以 90 秒内以 8×400 米的配速（3.7 分钟/千米）跑步，然后休息 1 分钟。

相比之下，如果跑者使用的是体重 85% 的反重力跑步机，那么 400 米跑的速度大概是 82~84 秒。由于体重减轻 15%，跑者可以比在地上或在传统的跑步机上跑得更快。与这种速度变化相关的神经变化使跑者既能适应加快的速度，也能适应快得多的转换率。更重要的是，着陆负荷的大幅减少也减少了恢复时间，这使跑者可以在更短的时间内完成更高强度的训练。

反重力跑步机也可以作为一个有用的工具，让受伤的跑者（例如足部受伤）在跑步的同时康复。在这种情况下，跑者可以以75%的体重完成同样的训练，这样就可以将体重减少25%，并减少落地时的冲击力，而并非比平时跑得更快。此时，反重力跑步机不是用来跑得更快，而是用来在受伤的情况下保证运动员的跑步速度和体适能。

当然，健身房通常没有反重力跑步机，它一般是设在理疗和康复中心。这种跑步机起价3.5万美元，并不适合家用。反重力跑步机是一个有用的训练工具，可以防止运动员受伤，而且有助于受伤后康复，以及提高跑步表现。

高原训练

在海拔600米以上的地方，由于血液含氧量较低，不适应高海拔的跑者，其跑步表现会受到负面影响。但并不是因为在海拔较高的地方氧气较少，而是气压较低导致通过肺部进入血液的氧气较少。

这种情况是否有助于在高海拔生活和训练的跑者呢？一开始并不是这样。事实上，在人体适应血氧水平降低之前，你可以预测在高海拔的速度要远慢于在海平面的速度。特别是最大摄氧量降低——运动员进行高强度训练时所需要的最大氧气量降低，会抑制跑步表现。具体来说，各种研究表明，海拔在300米之上，高度每增加300米，运动员的表现便下降2%（300米以下几乎没有明显的表现变化）。因此，在海平面（或在低于海拔300米）的地方，需要7分钟跑完1.6千米，而在海拔1500米的地方要用7分34秒跑完1.6千米；同样，在海拔300米以下的地方，则需要8分钟的时间跑完1.8千米，而在海拔1500米处则需要8分钟48秒跑完1.8千米。若在这些情况下，运动员没有根据主要问题调整跑步速度，其结果就会受到影响。

然而，经过几个月的训练，你的身体通过产生更多的红细胞和更多的毛细血管，来适应空气中的缺氧。此外，你的肺会变大！尽管会出现这些生理上的变化，但是如果训练量不足，那么也很难达到与海拔300米以下相同的表现。相反，高原训练的益处也可在海平面进行的比赛和训练中显现。气压随着海拔的降低而增加，高原训练积累的所有益处依然存在：更多的毛细血管，更多的红细胞，更多的氧气，意味着更优异的体能！遗憾的是，这种益处是短暂的。

模拟高原训练条件的一种方法，是在训练过程中使用低氧（限氧）面罩。然而，没有研究证明这种方法有助于改善跑步表现。实际上，它限制了用户在不戴面罩的情况下以尽可能远或尽可能快的速度进行跑步的能力，从而降低了跑步表现。由于长跑运动员长时间使用这种面罩进行训练后，并没有发现生理上的适应性，所以看起来还是不要戴面罩比较合理。

其他可替代的方法

所有有氧训练的替代形式（例如骑自行车、游泳）都可以通过提高有氧能力和神经肌肉的发育程度，使跑者受益。体能训练和高强度间歇训练（high-intensity interval training）的实践者认为一些跑者的表现得到了提高。这些说法没有经过长期的同行评议研究；然而，对于一些跑者来说，换种跑步训练形式会更有帮助。

最终，身体会适应刺激的变化。为了使跑步表现更为优异，运动员需要比以前跑得更远或更快一点。这种跑步可以在游泳池、反重力跑步机或高原上进行。根据我们列出的理由，完善我们所建议的力量训练计划，无疑将有助于提高跑步表现。然而，经过深思熟虑的另一种力量训练形式，也可以通过提供不同的刺激而被证明是有益的。最佳实践，就像书中解释的那样，适用于大多数跑者，但是每个跑者都是独一无二的，理解自己的独特性对于理解如何进行最有效的训练至关重要。

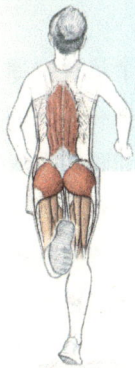

第 11 章

装备与进步

跑者在执行了第4章到第8章所述的力量训练方案，遵循了第2章所解释的原则，完成了第9章所述的损伤预防练习之后，如果上述训练和努力都不能提升跑步表现，原因可能很简单，比如穿了不合适的训练鞋，或者用了错误的足部矫正器。因此，本章概述了跑鞋建构生物力学机制的方式和原因，以及跑者如何根据自己的特定需要选择合适的鞋和矫正器。本章还研究了科技所扮演的角色，它不仅仅是跑步世界中的一种时尚。

为什么要穿跑鞋？

跑鞋之所以适合跑步，是因为它们具有生物力学上的细微差别，适合特定的地形，设计和制造的目的是为了满足在冲击中承受3~4倍体重的要求。在实践中，跑鞋的设计是根据人脚的形状和鞋楦来设计的。它们的形状从直到弯不等，包括曲度的变化，这使以它们为模型的鞋适合跑者不同的脚形。

鞋楦，也指建构的方法。更具体地说，组合楦式鞋（combination-lasted）是将下面的鞋面织物缝在纸板鞋跟上以提供稳定性。相比之下，串联楦式鞋（slip-lasted）的鞋面要直接缝合到鞋底夹层，这样才能保证鞋的柔韧性。全板楦式鞋（full-board last）（从脚跟到脚趾的纸板）是最稳定的制造技术，但目前在制鞋行业几乎不存在。

弧形串联楦式鞋是为高足弓、僵硬的脚设计的，而直线组合楦式鞋是为更灵活的平足设计的。平足比高足弓更倾向于内翻——也就是说，后脚（一种由距下关节控制的运动）更多地向内翻。通过使用直线楦式鞋（straight-lasted），并在鞋底夹层嵌入辅助稳定的装置，可以限制足部内旋的程度。相反，内旋不足的跑者应该穿弧度较小的串联楦式鞋，这样可以让足部产生尽可能多的内旋，以帮助减震。

许多跑者选择了错误的鞋,因为他们不清楚自己的脚形。例如,如果一个足背内翻的人穿着稳定鞋训练,那么就会发生可以预见的损伤,例如小腿疼痛、跟腱炎和髂胫束综合征。同样的,如果一个足背外翻的跑者穿着减震鞋训练,那么脚、胫骨和膝盖内侧则很可能发生应力损伤(包括骨折)。对于大多数跑者来说,一位在跑步用品专卖店工作的合格员工可以借助跑步机来评估脚部的生物力学机制。然后,员工可以推荐多款跑鞋,至少在理论上说,可以防止受伤,并提供愉快的跑步体验。有时,由于肉眼很难看清楚运动中脚的情况,足部评估就变得比较困难,在这种情况下,可能需要用慢镜头来确定。然而,这种需求很少,通常不会出现在休闲跑者之中,因为他们的训练量和速度相对较低。最后,生物力学机制是可以改变的。虽然得到纠正之后,相应问题可能会有所改善,但可能会出现新的问题。

20世纪跑鞋的发展历史

20世纪时,跑鞋的发展应该始于斯伯丁牌(Spalding)首度推出的长跑跑鞋,这个公司为参加1908年奥运会的美国马拉松队提供了各种款式的跑鞋,并且通过对跑鞋性能的长期观察,在1909年开发出一系列的马拉松跑鞋。该系列跑鞋包含高帮与低帮款式,采用天然橡胶鞋底,皮制鞋面,而且还以"设计完善的鞋,让你的双脚在长跑过程中不会受伤"为主要目标。短短5年时间,以皮革为鞋底的跑鞋就完全取代了以天然橡胶为鞋底的跑鞋,而且即使跑鞋刚刚上市,与跑鞋相关的研究与市场销售已蓬勃发展起来。

虽然斯伯丁(Spalding)不断开发设计新款跑鞋,但是真正让跑鞋风潮一触即发的却是1908年奥运会的马拉松比赛。钉鞋在当时抢尽了风头,特别是德国品牌达斯勒兄弟(Dassler brothers of Germany)所设计的款式。田径运动员杰西•欧文斯(Jesse Owens)在慕尼黑奥运会(Munich Olympics)上所穿的钉鞋将钉鞋的软皮鞋面与硬皮鞋底相缝合,而且钉鞋的"钉子"会永久地固定在鞋底,使其能够在煤渣跑道上为跑者提供最佳的抓地效果。

从20世纪60年代中期到70年代中期,美国重新燃起了人们对跑鞋生产的兴趣,开启了跑步这一细分市场的时代。面对来自日本进口的老虎跑鞋的竞争,包括海德(Hyde)、New Balance和耐克(Nike)在内的所有公司都开始生产真正的跑鞋。新鞋的特点是高跟,鞋底夹层包含缓冲材料,以及尼龙鞋面。在某些情况下,鞋子做得很好;但更常见的情况是,没有做得很好。在20世纪70年代末,《跑者世界》(Runner's World)杂志开始对跑鞋进行实验室测试,这迫使制造商要么提高鞋的质量,要么失去市场份额。这种企业观念的转变引发了一段激烈的竞争时期，目的是为外观漂亮的跑鞋提供最佳的缓冲、稳定性和耐久性。

跑鞋的构成

在选择跑鞋时，重点应该是根据生物力学机制和适合度，找到合适的跑鞋；这二者缺少任意一个都会导致损伤。记住，高价并不能确保成功。对于一个跑者来说，一双昂贵的鞋可能只会耗尽他们的钱财，而不会提高跑步表现；而对另一个跑者来说，同样的鞋可能很贵并且很完美。正确的选择取决于你的双脚类型、形状和生物力学机制。

鞋面

鞋面（图 11.1）是指覆盖于鞋表面与足部侧面的部分材料，制作方式包括由多种布料缝合或粘合成一体，或是利用一整块无缝材料（尼龙）来制成鞋面。所有现代跑鞋必须具备透气性、舒适度及轻薄等特色，因此都由合成材料制成。现代跑鞋已经不采用皮革材质，因为皮革的重量、成本、透气性不佳，反复穿过之后还会产生不适感。

鞋面的前部称为套头（图 11.2）。它的形状是由鞋楦（鞋的形状）决定的，它的风格是由鞋的设计师决定的，以满足穿鞋人的需求。最近制造的许多鞋的套头比过去的更宽更深，因为随着第二轮跑步热潮的到来，越来越多的有更大脚部结构的休闲跑者参与到这项运动之中，所以这种鞋的套头是为了适应体积更大（更长、更宽和更大）的脚。

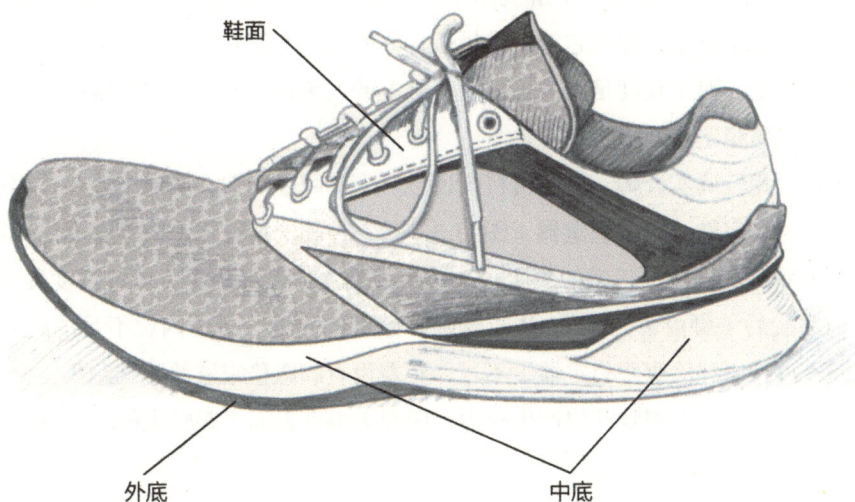

鞋面

外底　　　　　　　中底

图 11.1　鞋的侧面图：鞋面、中底与外底

足中部的鞋面可以与系带结构（例如，吉利系带）结合或是独立设计，以适应不同的鞋面。有的公司会尝试一种非对称的系带方式，表面上是为了提高鞋面的贴合度，防止在脚上形成"热点"（容易起水泡的区域）。

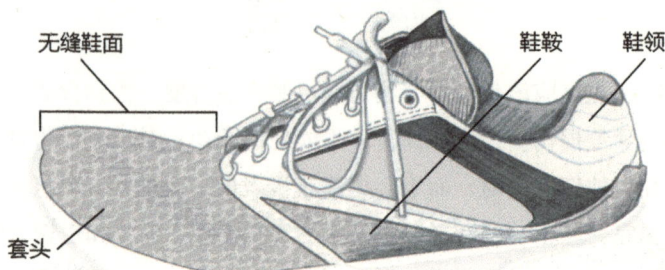

无缝鞋面　　　　　　　　　　　鞍鞍　　鞋领

套头

图11.2 鞋面

鞋面的设计决定了鞋子的适合度，不是从鞋的长度是否匹配的角度，而是鞋包裹脚的方式。这个因素很重要，因为如果不合适，跑者的生物力学需求可能得不到满足。只有在最为合适的时候，鞋才能在稳定性、运动控制和缓冲方面发挥其设计功能。例如，如果足中部的鞋面太松，那么即使有内部支撑也会出现过度内旋。换言之，适合度不足可能使其为了限制过度内旋的设计用途被限制，也就是稳定装置失效。在这种情况下，会发生损伤——胫骨会疼痛——即使跑者穿专门为他脚形而设计的鞋。

这种情况通常会导致人们在购鞋时不再抱有幻想，因为遵循建议和指导原则会造成疑惑而且仍无法让他们从痛苦中解脱出来。考虑到这一点，这里有一条购鞋的通用指南：如果鞋穿着不舒服，那么它就不是最适合你的鞋，不管它的生物力学设计是否适合你的脚型。例如，对于轻度足内翻（过度内旋）的人来说，与肥大的稳定鞋相比，完全合适的减震鞋更稳定。

为了能让跑鞋确实合脚，鞋面材料内还会嵌入脚跟稳定器，确保在跑步过程中的安全性和适度的稳定性。脚跟稳定器（图11.3）是一种硬塑料装置，为脚跟提供所需的稳定性，帮助双脚顺利完成正常的脚跟击地、足弓站立的循环动作（避免过度旋前），然后让脚前掌旋后（脚前掌外旋），从小脚趾开始脚尖离地。对于内旋不足的跑者而言，可以在制作过程中移除脚跟稳定器，不过，穿着没有脚跟稳定器的跑鞋跑步，会加大跟骨的运动负荷，并且在跟腱部位产生拉力，因而大幅度提高了跟腱炎的发生概率。

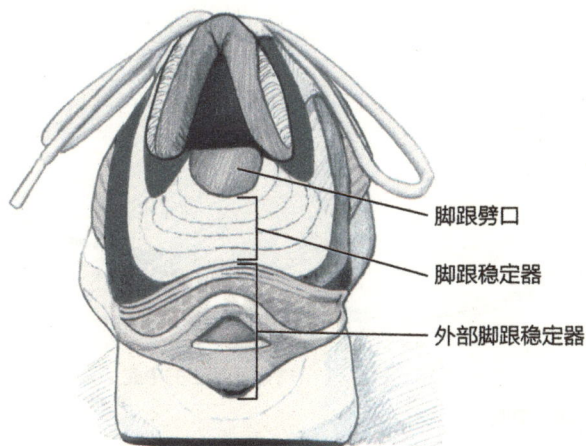

脚跟劈口
脚跟稳定器
外部脚跟稳定器

图11.3　脚跟稳定器和脚跟劈口

中底

　　跑鞋的中底（图11.4）由醋酸乙烯聚酯（ethylene-vinyl acetate，EVA）或橡胶EVA制成，用这种材质制成的跑鞋能在双脚落地时发挥缓冲或稳定的作用。EVA是70年代初期开发的减震材料，与聚氨酯具有同样的减震功能，后来还结合了其他专业减震材料，如空气、胶体，以及结合了波浪板、足桥、悬挑、构架等系统工程设计。这种材料所制成的跑鞋不但能在双脚着地时减少冲击力，还能够引导双脚以正常的模式完成跑步动作。

　　长期以来，制鞋企业一直在寻找一种绝佳的材料，既可以提供适度的柔软性，又坚固耐久，能够承受长期的压力，这种压力限制了鞋的使用寿命。目前，人们对跑鞋寿命的合理预期是560~800千米。鞋底的开发据说可以提供约1 200千米持续舒适的跑步感受，这对于跑者和申请材料专利的制鞋企业来说都是一个福音。

　　相比之前在20世纪70年代流行的片状EVA材料，目前大量生产的橡胶中底提供了更好的缓冲作用，但生产这种材料需要付出环境代价。具体来说，传统的EVA中底大约需要1 000年才能完全降解。一些跑鞋制造企业利用"绿色环保"来推销某些中底鞋，因为它们在传统的垃圾填埋场中降解速度比传统材料要快50倍。

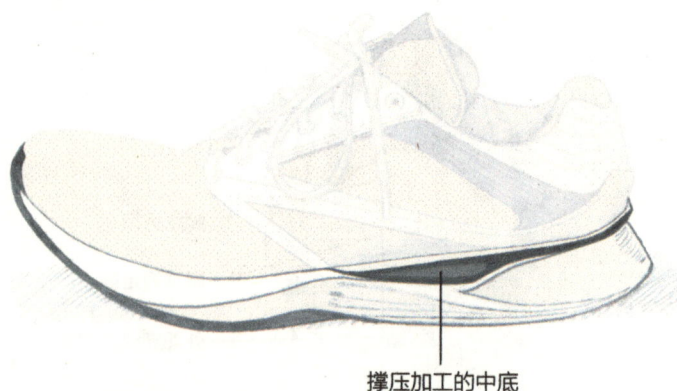

撑压加工的中底

图11.4　中底

　　虽然大多数跑者会根据大底的状况来决定是否需要更换跑鞋，但问题实际上与中底有关。事实上，当跑鞋的大底磨损到足以显示出磨损程度时，中底提供缓冲的能力早就被削弱了。由于中底提供缓冲，它们也能吸收和减弱冲击力。在一次典型的30分钟跑步过程中，这种冲击大约出现2 700次。如果你把这个数字乘以跑者体重的3~4倍，你会惊奇地发现，一个只有5厘米厚的楔形EVA，在被替换之前可以承受150次这样的训练。

　　中底是鞋的一部分，其中包括多种稳定装置，旨在防止足部内旋。这些装置通常被放置在鞋的内侧，通常在足弓和脚跟之间，因为这个位置靠近距下关节，而距下关节是内旋的主要控制器。有时，鞋是用前脚支撑（以防止前脚的后期内旋），但这种设计是非传统的。鞋的外侧从不粘贴，因为它对足内翻的跑者来说是不必要的（减震鞋允许足部按需要内旋），而且对于旋前的跑者来说效果适得其反（对他们来说，增加内旋的概率和程度会增加胫骨的不适）。

　　一段时间以来，制鞋企业一直认为，绝佳的中底材料应该综合EVA的相对柔软舒适与聚氨酯的弹性和耐久性。阿迪达斯（Adidas）的专利Boost材料有效结合了这两个优点，已经为各公司所采用。其竞争对手也在争相开发自己的专有混合材料，以综合实现预期的反应和耐久性。

大底

　　跑鞋的大底（图11.5）与1908年斯伯丁（Spalding）马拉松训练鞋的天然橡胶材制底相比，已有了巨大的改变。大底（鞋子接触路面的部分）是由碳和发泡橡胶复合而成，既耐用又具有适当的弹性。因为大多数跑者都是用鞋跟外侧触地，所以制造商在鞋子的这一部分放置了最耐用的碳合橡胶，以确保大底的寿命。尽管碳合橡胶的耐久性增加了，但对于大多数跑者来说，鞋的这一部分仍然会出现过度磨损。这种磨损模式是可以预期的，并非表明内翻或外翻的倾向；这仅仅意味着跑者习惯用脚跟来着地。

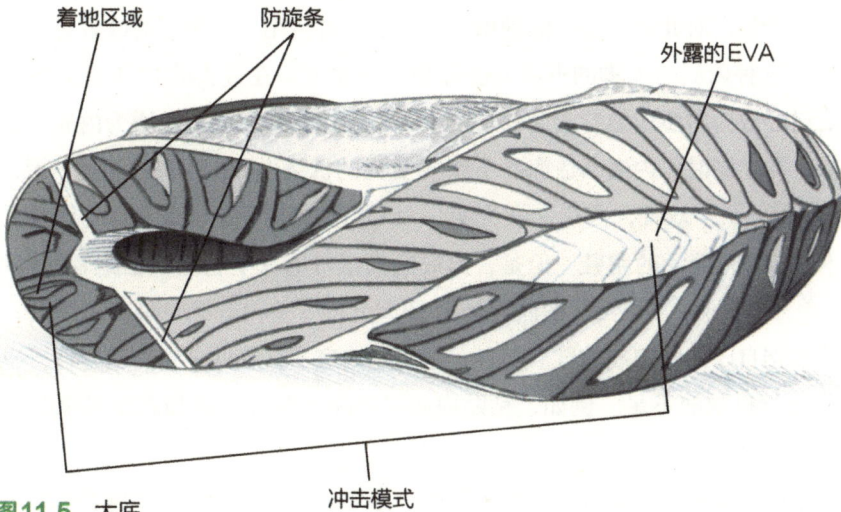

图11.5　大底

　　如果大底完全磨损的位置在鞋的前脚部位，那么说明中底的缓冲功能已损坏，跑鞋不再具有减震器的价值。因为鞋的大底比中底的缓冲时间更长，所以不能用大底磨损程度来确定何时更换跑鞋。判断鞋寿命的最佳方法是计算跑鞋使用的里程数，你可以坚持记录日志，或者用每周跑步距离乘以训练周数来快速估计里程数。在跑步560千米后，双腿开始出现以前没有过的疼痛时，就应该换一双跑鞋了。相比之下，如果鞋的版型不适合跑者的生物力学特征、体重、柔韧性或脚形（决定最佳鞋型的因素），那么在跑完160千米后，就会产生不适或受伤。因此，不合适的跑鞋很少会与仅仅是磨损旧的鞋子相互混淆。

　　制鞋企业不断改变跑鞋大底和橡胶表面花纹的冲击路径，以提高舒适性和耐久性。虽然这些目标似乎是值得实现的，但在鞋类设计中美学的作用不容忽视。在设计和开发的每一个阶段，鞋的美学都必须与制鞋的实用性和跑步的有效性相当。经常会出现的情况是，制造商会首先考虑鞋的外观，开展高成本的广告宣传活动，因而导致跑鞋空有其表、华而不实。

内底与矫正器

　　跑者希望穿着舒适的鞋，以防止受伤；然而，因为跑鞋不是定制的，所以总是有一些不合适的地方。由于每个跑者的脚都是独一无二的，为了提高跑鞋的适应性和功能，经常需要调整。为此，跑者将注意力转向了内底和矫正器。

　　每双跑鞋都配有EVA制成的内底或其他与EVA结合的材料，以提高舒适性（减震性），使其更适用于跑步运动。这种内底的制造成本不到50美分，而且几乎毫无用处。它也是可去除的，对此也有很好的理由：大多数跑者会用一个更软的或者更稳定的内底来代替它，这种内底与人脚的形状有些相似。事实上，在过去的10年里，柜台贩卖的替换内底已经成为跑步用品专卖店的重要收入来源。这种商店的激增为内底创造了更多的零售点，与此同时，内底制造商以不到30美元的价格生产出了高质量的产品。

　　花100美元买一双鞋，再花30美元买一双专门的内底，这种做法似乎多余，因为可以直接买一双130美元的跑鞋。但是，内底的真正价值在于它能根据跑者的脚形定制。相比130美元的跑鞋，100美元的跑鞋加上30美元的专业内底感觉更适合跑者，因为它更像一双根据自己的脚定制的鞋。而且，半定制内底不仅有助于提高适应性，也有助于纠正生物力学机制的不足。例如，粘贴内底可以用来弥补内旋和高足弓来防止足底筋膜炎。

　　虽然这些内底销售得很好，但并不是每个跑者都需要使用。许多跑者可以不用特殊的内底，因为他们不太会出现因训练而加剧的生物力学问题。不过，对于那些跑了数千米，正在进行高强度训练或有慢性损伤的跑者来说，内底是一个很好的可行性选择。

　　对于那些无法通过专业内底来缓解问题的人来说，下一步就是去拜访专家（例如：足科医生或注册的足部矫正师），以取得定制的矫正器。矫正器是用来矫正解剖或生物力学机制异常的装置。从理论上讲，它能够重新调整脚的落地方式，以减轻动力链中跑步引发的任何不平衡或弱点。那么，矫正器真的有用吗？有时真的有用！

　　在拜访足科医生或注册的足部矫正师时，跑者在定制矫正器前应该经历以下过程。首先，专家应该全面了解跑者的跑步损伤、跑鞋磨损及尝试用药的情况。接下来，专家应测量跑者腿部长度并评估关节活动度；也可以拍摄X光，但通常是不必要的。对足部评估后，专家会让跑者的每只脚处于中立位置，并在脚周围裹上浸湿石膏液的纱布，然后制作出石膏模型。

　　最重要的一步是让脚放在中立位。因为矫正器的目标是矫正，所以脚必须在中立的位置上，这样石膏模型就能显示任何需要矫正的地方。所需要的校正是通过跑者的脚和中立位置上跑者的脚的适当位置之间的差别来表示的。当石膏模型送到矫正实验室制作矫正器时，技术人员会对模型进行评估并进行更详细的测量。与"反向"模型不同的是，"正向"模型是根据医生所提供的技术参数，由石膏和黏土制成。

　　硬式矫正器是利用热塑性塑料制作而成，里面充填减震材料。硬式矫正器的内部倾斜不大于4度，其主要功能是帮助跑者在站立中期维持中立姿势。矫正器外侧覆盖一层薄薄的合成材料。而软式矫正器也称为可调节矫正器，更像是一个定制的足弓支撑装置，而不是固定矫正器。由于软式矫正器倾向于利用高且坚固的装置支撑足弓，因此，内旋时，维持跑鞋内侧的稳定性反而不是软式矫正器的主要功能。

　　跑步专用的矫正器一般和鞋的长度相同，并且能够完全取代跑鞋的内底，不过，由实验室所制作的矫正器通常只有鞋垫的3/4长；因为这种长度的矫正器能缓解脚跟运动所引发的问题，理论上似乎表明，如果能减轻本身的重量也许会更受欢迎。但有些跑者不喜欢脚底下因内底不完整而产生不适，于是会自己制作完整的矫正器。因此，最好购买一个全长的矫正器。

　　判断矫正器结构是否合理有两个标准：一是，矫正器是否完全符合跑鞋的尺寸。二是，装上矫正器穿上跑鞋时是否能够有效改善因跑步所引发的运动损伤，而且不会引发其他损伤。如果这两个问题的答案都是肯定的，那么该矫正器就适合跑者；如果答案是否定的，跑者应该联系医生，预约会面并重新评估矫正器。

　　跑鞋附加矫正器的匹配过程，结合了艺术与科学技术。如果采用硬式矫正器，跑者也按照正确的方式将矫正器安装在减震鞋内，并提高了良好的适应性，就足以消除任何因为过度内旋而造成的运动损伤。如果是一双安装了硬式矫正器的稳定鞋，就必须小心避免足部长时间固定而可能造成的损伤。而治疗髂胫束综合征的最佳方法就是选择稳定鞋再加上矫正器，因为这一运动损伤通常和用脚的外侧面着地而造成内旋运动不足的肌肉群有关，于是足部至髋部外侧的所有肌肉与软组织都会因此变得紧绷。跑者一旦开始感到膝盖外侧疼痛或是髋部区域的肌肉紧绷时，就必须重新考虑选择稳定鞋和矫正器。

　　旋前不足的跑者应该穿戴合适的矫正器，并坚持穿减震鞋。唯一需要注意的是——针对穿着矫正器的过度内旋者也是如此——为了使矫正器适合跑鞋，可能需要额外加大半码。虽然这种矫正器取代了鞋子的内底，但它体积更大，因此需要正确地安装，以便在连续跑步过程中促进足部的生物力学机制发挥作用。

设计结构良好的跑鞋或矫正器的最终目标是让跑步舒适、不会受伤。设定这一目标的原因有三：减少冲击力的额外缓冲，增加内侧稳定装置以限制由距下关节产生的内旋，以及从脚跟着地到站立中间期，EVA材料的密度让这种姿势变化更轻松。事实上，所有腿部和足部的损伤都应该通过适当的鞋和矫正器，并结合第4章和第5章中介绍的小腿和脚的力量训练计划来加以消除。

需要注意的是，跑鞋、矫正器和穿鞋的脚必须相互适合，并且在减震、稳定性或适应性下降时必须更换。一般情况下，跑鞋至少要跑560千米，购买的内底至少要用到更换下一双鞋时，定制的矫正器至少要用2年。在跑步用品专卖店，训练有素的员工可以帮助跑者选购适合脚形的跑鞋，及非处方的内底，这种内底提供的保护类似于矫正器，但不能定制。

任何跑鞋或矫正器的有效性不仅取决于生物力学机制，还要看是否适合跑者。如果一双结构良好的鞋，在生物力学机制上适合跑者，但不适合跑者的双脚，就可能无法正确发挥它应有的功能。买鞋时，确保跑鞋的尺码合适，不要太长或太短，也不要太宽或太窄。由于重力的作用，脚在白天容易肿胀，所以建议在下午而非早上买鞋。此外，买新鞋时，要穿上带有矫正器的跑鞋，这样就能反复确保新鞋及其内部嵌入的组合装置是否匹配合适。如果在鞋店试穿时都觉得不舒服，那么在公路、小路和跑道上就更不会舒适！

科　技

在我们的生活中，科技已经渗透到大部分职业和爱好之中，跑步也不例外。在这项因其简便而常被推荐的运动中——你所需要的只是鞋、短裤，而对于女性来说，还会用到运动文胸、上衣，以及心率监控器、GPS手表和内置MP3播放器的太阳镜等尖端技术装备。最近的一项发明是一种新型的跟踪装置，它可以测量爆发力并提供一些数据，诸如地面接触时间、冲击力和对称性（从而能够独立分析身体两侧的运动）。

赤脚跑步

赤脚跑步本可以纳入第4章中加强足部力量的练习列表，因为这是一种最佳方式。即便如此，每天的赤脚训练并不能代替穿鞋跑步。但是大多数跑者在沥青、混凝土、跑步机和铺满碎石的小路上跑步，每日赤脚跑步都会让脚部感到疼痛。诚然，许多非洲跑者已经论证了赤脚训练能取得相当大的成功［例如南非本土的佐拉巴德（Zola Budd）］。但也存在着与之相对的争论，所有的世界纪录都是由穿鞋的跑者保持的。

无论如何，就像第4章到第8章中介绍的力量训练一样，无鞋跑步作为跑步训练的补充，有着很多实际的应用。赤脚跑步的支持者们鼓吹这种练习所获得的肌肉力量，这在适当的情况下不失为一种准确的评估。支持者们还论证得出这种心理释放据说来自于在沙地或茂盛的草地上跑步，尽管这种效果似乎只与表现提升有细微的联系。

跑者赤脚在茂密的草地或紧密的沙地上跑的最佳理由在于能够训练双脚的肌肉，并以与穿鞋跑步不同的方式让双脚运动——每周不超过2次，每次不超过100米，开始时每次训练课程完成400米。 赤脚跑步会迫使双脚主动运动，而且能够预防双脚肌肉萎缩，并以相同的方式实现穿鞋跑步的其他功能。此外，赤脚跑步与穿着矫正过度内旋的跑鞋跑步，双脚都会产生抗矫正作用的动作，迫使双脚用力以避免受伤。如同本书中详细介绍的如何增强体能提高跑步表现的练习，赤脚跑步同样有助于增强双脚的力量，以承受长期训练对双脚力量的需要。和所有力量训练相同，如果跑者赤脚跑步时感到疼痛就必须立即停止。

然而，总体而言，在本书第一版出版近10年后，整个极简主义运动已经成为跑步训练中的补充说明。随着时间流逝，Hoka系列"最大"减震鞋正引领潮流；这也是本章前面讨论的Boost材料的主要吸引力。尽管极简主义跑鞋在一些跑者的衣橱里仍然有一席之地，但事实证明，这一群体仍是少数。此外，Vibram，一个从克里斯托弗•麦克杜格尔（Christopher McDougall）写作《天生就会跑》（*Born to Run*）这本书（New York：Knopf，2009）中获得的灵感而获益于极简主义跑鞋的宣传的公司，在应对一场集体诉讼时，承认该书犯了一个错误，它未经证实便发表了五指鞋有益健康的虚假言论（译者注：Vibram是意大利著名的橡胶生产厂商，Vibram专门为鞋底设计的橡胶以出色的耐磨性、良好的防滑性、均匀的质地获得了世界众多制鞋企业的认可）。

目前大多数关于赤脚跑步的研究都明确了一点：它并不是曾经吹嘘的那样，是预防损伤的灵丹妙药。在某种程度上，它可能对一些跑者有效，但并不适用于所有跑者。最终，经过反复论证的尝试与错误帮助我们理解了生物力学机制和跑鞋构造复杂性。

如同能收集数据的其他技术，这些选择对跑者来说可能有点太多了。哪类信息是有益的，哪些只是数据？是什么时候开始，大量的数据流开始令人麻木而不是简单的训练报告？例如，有必要把你每周在你最喜欢的路线上跑50分钟的训练路线图，GPS定位并上传到应用程序吗？如果步伐开始加快而心率没有相应增加怎么办？如果心率也增加了呢？如果左脚内旋程度随着步伐速度加快而增大呢？所有这些都是很好的数据，可以帮助我们制订训练计划和选购跑鞋。它还可能导致数据过载，并破坏一个简单的跑步训练计划！

跑步传感器

如果你喜欢看数据，那么跑步传感器可能就是你集中训练的正确工具。跑步传感器使用加速度计，测量与自由落体相应的加速度。从本质上说，它们可以测量跑者的运动，无论是向前（距离）还是上下（冲击力）运动。一些传感器还声称可以通过小腿上的传感器来测量血氧饱和度。跑步传感器可以作为评估跑鞋选择的有趣工具。Foot pod（译者注：一种计步测感器）能记录冲击力、内旋和制动力，它能帮你评估跑鞋各项指标，并确定当前的跑鞋是否有益于跑步。这些信息也可以帮助你对训练方法做出正确的决定；测量距离、速度和功率的传感器也是如此。

功率表

大约15年前，功率表开始影响自行车运动员的训练和比赛方式；最近，功率表开始进入跑者的世界，它用来记录和规范运动员的努力程度。例如，你知道山路和多风的天气会影响速度和心率，但你怎么能在不同条件下或不同类型的跑步训练中，针对完成同样的跑步所付出的努力进行比较呢？换言之，你如何以相同的方式比较跑步？

基于这些问题，功率表已经多次应用于训练和比赛中。为了进行分析，它们通过建立一个努力的标准，用于比较不同条件下进行的训练，并抛开课程概况、风和心率的影响等变量。因此，它们能使你获得用于训练和比赛的有用数据，而不是孤立无关的数据。

功率表市场目前主要由几种型号所主导。每种都使用一个菱形接收器，它可以夹在鞋上，并将数据输入手表或手机。收集到的数据可以在应用程序中查看，也可以上传到第三方网站（例如训练巅峰），这些网站都配有应用软件，可供用户查阅。这些设备通过瓦特数表示完成训练所需的努力，以提供标准化的数据。这些数据可以每千米瓦特的形式进一步细化，以提供与其他跑者的数据，或同一跑者在减肥或增重后的新数据进行比较的基础。

这些信息如何帮助你成为一个更好的跑者呢？不要猜测你昨天的跑步强度是高还是低——换言之，这取决于一种主观意识，而这种主观意识并不能准确描述你的身体体验——功率表会提供一个客观的数字来与你的基线数据进行比较。例如，假设跑者 A 通常以每千米 5 分钟的速度跑 8 千米，心率为每分钟 135 次（beats per minute，bpm），但在风速 19.3 千米/时跑这段距离，心率为每分钟 142 次，速度为每千米 5 分 9 秒。这种训练对康复的难度大小如何？使用功率表，第一次跑步的数据是一个数字（例如 185 瓦），第二次跑步的数据是另一个数字（例如 195 瓦，或者 165 瓦）。因此，功率表能给你提供一个有助于理解的度量标准。一旦为特定运动员设定了瓦数限制，心率就变成了一个次要因素，每千米速度也是如此，因为瓦数成为建立训练和比赛指导原则所需的唯一数据。

让我们考虑另一种情况，在乳酸阈值速度训练中，一位跑者在坡上跑 9.6 千米，与之在平地加速跑 4.8 千米的速度进行对比。在坡上跑步你需要什么速度，并且与加速跑所需的努力相等吗？你需要更多的坡地训练，来取得同样的成果吗？你想取得同样的成果吗？

这些数据为运动员提供了在不同地方进行训练的方法，不需要了解地形的细微差别。在任何国家、任何地形、任何条件下，以平均 240 瓦的功率跑一小时的效果是一样的，但用速度和心率作为标准却不是这样的。

这些新设备提供的其他指标还包括接触时间、旋前率和足部落地的冲击力——所有这些指标都有助于提高跑步表现和避免受伤。从本质上说，这些设备提供的数据以前只能通过大学生物力学评估实验室里的测力板来获取，而且费用不高。所以现在一个科研外行也可以利用原始的科研数据来帮助改善跑步表现。

与选择穿鞋（或赤脚行走）一样，你选择解析的数据数量和质量需要通过不断尝试和错误来予以确定，均衡点将会出现波动。再一次尝试一个实验，在发现跑步自我认同的同时享受沿途的风景。使用功率表将我们带到了一个 30 年前的跑者无法想象的现实世界。它设想了一个未来，在这个未来世界里，跑步几乎完全是客观的，没有主观臆断。最终，这个崭新的前沿世界对跑步运动意味着什么？

跑步运动的未来

很明显，跑步这项运动会一直持续下去。作为其他运动的基础，跑步将永远是必要的，它既是基本训练的一部分，也是一项运动技能。许多人都想知道，世界纪录的进程是否会停止，何时停止，而且值得尝试并预测人类是否或在何处可能达到极限。例如，尤塞恩·博尔特（Usain Bolt）的100米短跑世界纪录是9秒58。如果我们把这个速度换算成1 500米的距离，我们得到的时间是2分23秒，比目前由希查姆·艾尔·奎罗伊（Hicham El Guerrouj）保持的世界纪录快了一分钟多（尽管这个纪录已经将近20年；打破世界纪录的速度正在放缓，2019年2月16日，在英国伯明翰举行的国际田联室内大奖赛中，埃塞俄比亚选手萨缪尔·特菲拉（Samuel TEFERA）以3分31秒04获得冠军，这个成绩比奎罗伊在1997年创造的3分31秒18的世界纪录快了0.14秒）。很明显，1 500米的最高纪录可能在这两段时间之间，除非出现一个"超级"博尔特（Bolt）来进一步打破100米纪录——当然，这个进步已经在发生，所有的跑步纪录都指向了现在的纪录！

归根结底，跑步速度受到很多因素的影响。虽然它似乎取决于跑者的解剖结构和生理机能，但也可能取决于跑者的心理状态、训练质量和忍受疲劳的能力、气象和比赛条件、与其竞争的运动员、跑步的路面，以及跑者的跑鞋和其他装备。要达到"完美"的跑步表现，所有这些因素都需要完美地结合在一起，但这就像中彩票一样不太可能！

将所有这些因素考虑进来，运动员才能在跑步当天达到顶峰，所以既不能训练过度，也不能训练不足。此外，环境温度需要足够高，以防止肌肉和关节受冷，但也不能太热，使运动员疲劳。任何风都可能适得其反，除非轻微的冷风有助于核心体温保持稳定。思维方式非常重要。跑者头脑中的任何疑问都会抑制体内提供动力的化学物质，降低跑者克服跑步带来的疼痛的能力，这种疼痛持续的时间超过了身体正常承受的时间。跑者还需要保持恒定的速度，因为这样做是最有效，也是最不易疲劳的跑步方式。

人体解剖学随着人类的发展而改变。我们中的许多人比我们的前辈吃得更好，因此不太可能因营养不良或疾病而妨碍生长发育。不利的一面是，随着科技的进步，我们缺乏运动的迫切需要。即使是那些经常被送到学校上学的孩子，现在也因为缺乏锻炼而面临肥胖的风险——越来越多的人患上糖尿病和循环系统疾病。目前，世界上跑得最快的中长跑运动员都来自东非。在那里，许多孩子每天往返于学校之间，需要跑32千米。这自然也提升了他们的耐力。如果随着东非的发展，这种日常跑步停止了，这些人还会是世界上最杰出的跑者吗？在跑步比赛中，会用比现在更短的时间获胜吗？

世界上大多数最优秀的运动员都已经进行了有效的训练，并且达到了解剖学和生理学所允许的最大限度；他们的努力得益于频繁的实验室测试。因此，他们的训练比前辈更加刻苦，任何训练质量或数量的进一步增加都可能充满风险。过度训练会使运动员容易受伤，并出现随之而来的心理紧张和体能下降；它也可能不利于任何试图跑得更快的人。

基因工程的进步，可能意味着在某一时刻我们的后代将能够进行产前检测和治疗，使他们免于患病。在某种程度上，这已经预防了许多先天缺陷的发生。如果我们推断出这种情况，不难预想科学家们能够确保那些跑得最快的运动员的后代，只遗传那些有助于他们跑得比父母更快的基因。几代人之后，这些后代拥有如此的人造基因组成，他们不会因为乳酸积累或心率达到最高而感到疼痛，这种疼痛持续的时间比现在所能接受的要长。他们的基因甚至可能被编辑以使用更少的氧气。尽管听起来不可思议，但我们正在接近这样的一个时代，科学知识不仅使这些变化不再是假设，而且会成为可能的时代。

东非人目前在跑步比赛中所表现出的优势非常明显，目前几乎没有其他跑者能够击败他们。但是，为什么基因工程不能制造出一个拥有所有优点的人类机器人？愤世嫉俗的观察家可能会说，这个问题属于科幻世界，但从未说不可能。每一天，进化给我们的生活都带来了微妙的变化，而这种情况并没有超出可能的范围。

因此，跑步的未来取决于两个因素：速度和需要。人类能跑多快？是否有必要跑步？我们相信跑者会跑得更快，而不是更慢。无论人类是否需要跑步，他们都会渴望这样做。只有时间才能证明我们是否正确。

练习项目索引

足部与踝部

哑铃单腿提踵 38

器械站姿提踵 40

    器械坐姿提踵 41

弹力带跖屈 42

脚踝负重背屈 44

    弹力带足部背屈 45

弹力带足部外翻 46

波速球（半圆健身球）足部内翻 48

腿部

器械髋部内收 56

器械腿部伸展 58

    器械小角度腿部伸展 59

器械臀腿起 60

哑铃箭步蹲 62

    大步箭步蹲 63

器械上斜腿推举 64

杠铃屈腿负重躬身 66

    直腿杠铃早安式 67

哑铃罗马尼亚硬拉 68

深蹲 70

    单腿哑铃深蹲 71

蛙跳 72

踩箱上踏 74

核心部位

背部伸展俯卧撑 84

桥式踢腿 86

　　负重桥式踢腿 87

滑动屈腿 88

腰椎过度伸展，双臂双腿交替抬高 90

平板支撑 92

　　单腿平板支撑 93

器械髋部外展 94

地板仰卧起坐 96

　　卷腹 97

　　侧身卷腹 97

悬垂抬腿 98

　　悬垂扭转抬腿 99

单腿Ｖ形上抬 100

　　药球单腿Ｖ形上抬 101

肩部与手臂

站姿哑铃肱二头肌交替弯举 108

　　宽握杠铃弯举 109

站姿哑铃锤式交替弯举 110

　　坐姿双臂锤式弯举 111

仰卧哑铃肱三头肌伸展 112

　　仰卧杠铃肱三头肌伸展 113

凳上单臂哑铃后伸 114

　　双臂哑铃后伸 115

器械反向下推 116

手腕弯举和反向弯举 118

胸部与背部

哑铃卧推 124

    旋转式哑铃卧推 125

上斜杠铃卧推 126

哑铃扩胸（飞鸟） 128

俯卧撑 130

    上斜式俯卧撑 131

    健身球俯卧撑 131

引体向上 132

    反握式引体向上 133

器械背阔肌下拉 134

    反握背阔肌下拉 135

单臂哑铃划船 136

杠铃屈体划船 138

    宽握杠铃屈体划船 139

损伤预防

髂胫束伸展 152

本体感受站姿平衡 154

站姿小腿伸展 155

站姿离心提踵 156

坐姿直腿伸展 158

膝–胸伸展 160

推墙 161

踝关节跖屈 162

滚球 164

关于作者

乔·普莱奥（Joe Puleo）执教长跑和田径运动已经28年。他在罗格斯大学（Rutgers University）担任男子、女子越野和田径总教练期间，培养出了10位全美大学体育协会第三级别联赛的运动员，其中包括两位美国冠军。与此同时，他花了10年时间指导美国海军陆战队的全海军（United States Marine Corps，USMC's All-Marine）跑步项目，并为美国武装部队（United States Armed Forces）（马拉松和越野）指导了3支CISM（国际军事体育理事会，Conseil International du Sport Militaire）世界冠军球队。

普莱奥是《骨盆前旋：对长跑运动员的负面影响》（*Anteriorly Rotated Pelvis: The Negative Effects for a Distance Runner*）和《跑鞋分析》（*Anatomy of Running Footwear*）等文章的共同作者，这两篇文章发表在《技术》（*Techniques*）杂志上。他经常为《跑者世界》（*Runner's World*）和其他健身媒体撰稿。

普莱奥和家人，以及两只德国牧羊犬住在宾夕法尼亚州。

帕特里克·米尔罗伊（Patrick Milroy）自1998年以来一直担任英国公路跑者俱乐部（Road Runners Club in Great Britain）的首席医疗官。从1991年到2007年，他是一名医学顾问，也是《跑者世界》（*Runner's World*）的撰稿人。在此之前的10年里，他同样参与了《跑者世界》的前身《慢跑杂志》（*Jogging Magazine*）及《跑步杂志》（*Running Magazine*）的撰稿工作。

米尔罗伊博士于1999年获得运动医学研究所（Institute of Sports Medicine）的院士奖，并于2006年获得英国体育与训练医学学院（UK Faculty of Sport and Exercise Medicine）的院士奖。他曾担任过许多体育赛事的医务官，包括世界半程马拉松锦标赛（World Half Marathon Championships）、英联邦运动会英国队（Team England Commonwealth Games）（4次）和英国田径联合会（British Athletics Federation），以及世界青年锦标赛英国队（Great Britain team at the World Junior Championships）（3次）和欧洲青年锦标赛（European Junior Championships）（2次）。

米尔罗伊医生是《运动损伤》（*Sports Injuries*）杂志的作者，《AAA跑步者指南》杂志的共同作者，以及多家运动与训练杂志和报纸文章的作者。他也是一名经验丰富的跑者，曾获得过1980年、1982年和1984年世界医疗职业竞赛（World Medical Games）5 000米和半程马拉松竞赛的冠军，1983年欧州医疗职业竞赛2 000米、5 000米和1 500米的冠军。个人最佳马拉松纪录是2小时26分。65岁时，他在35天内从洛杉矶骑车到波士顿（5 310千米）。他和妻子克莱尔（Clare），以及4个孩子和5个孙子住在英国的切斯特市。

关于译者

方旭东，全民健身活动策划和组织者，"科学健身指导平台""吃动平衡，走向健康"等部委项目组专家，中华预防医学会健康传播分会委员，参与中华人民共和国第九套广播体操、广场舞等科学健身方法的创编推广工作；跑步爱好者、传播者，参与百千米、马拉松、越野跑、各类主题跑等几百场跑步赛事和活动，著有《跑步与终点无关》《跑步笔记》等书，《跑者世界》杂志及相关网络媒体跑步专栏撰稿人。